人文社科
高校学术研究论著丛刊

积极心理学视角下的大学生心理问题探析

李婷婷 著

中国书籍出版社
China Book Press

图书在版编目 (CIP) 数据

积极心理学视角下的大学生心理问题探析 / 李婷婷著 . —北京 : 中国书籍出版社 , 2019.11
ISBN 978-7-5068-7610-0

Ⅰ . ①积… Ⅱ . ①李… Ⅲ . ①大学生 – 心理健康 – 健康教育 – 研究 Ⅳ . ① G444

中国版本图书馆 CIP 数据核字（2019）第 282377 号

积极心理学视角下的大学生心理问题探析

李婷婷 著

丛书策划	谭 鹏 武 斌
责任编辑	毕 磊
责任印制	孙马飞 马 芝
封面设计	东方美迪
出版发行	中国书籍出版社
地 址	北京市丰台区三路居路 97 号（邮编：100073）
电 话	（010）52257143（总编室）（010）52257140（发行部）
电子邮箱	eo@chinabp.com.cn
经 销	全国新华书店
印 刷	三河市铭浩彩色印装有限公司
开 本	710 毫米 ×1000 毫米 1/16
印 张	16.75
字 数	217 千字
版 次	2020 年 7 月第 1 版 2020 年 7 月第 1 次印刷
书 号	ISBN 978-7-5068-7610-0
定 价	76.00 元

版权所有 翻印必究

目 录

第一章 积极心理学 ………………………………………… 1
 第一节 积极心理学概述 …………………………………… 1
 第二节 大学生积极心理的培养 …………………………… 8

第二章 大学生自我意识与积极自我的培养 ……………… 16
 第一节 自我意识与心理健康 ……………………………… 16
 第二节 大学生自我意识发展的特点 ……………………… 23
 第三节 大学生自我意识的偏差与完善 …………………… 27
 第四节 大学生自尊心理的提升 …………………………… 41

第三章 大学生情绪与积极的情绪体验 …………………… 47
 第一节 情绪与情绪智力 …………………………………… 47
 第二节 大学生情绪的特点 ………………………………… 55
 第三节 大学生常见的情绪困扰 …………………………… 60
 第四节 大学生的情绪管理 ………………………………… 73

第四章 大学生学习心理与积极心理调适 ………………… 79
 第一节 当代大学生的学习特点 …………………………… 79
 第二节 大学生常见的学习心理问题 ……………………… 84
 第三节 大学生学习心理的调适 …………………………… 95
 第四节 大学生创造性思维的发展 ………………………… 106

第五章 大学生人际交往与积极人际关系构建 …………… 109
 第一节 人际交往与人际吸引的基本规律 ………………… 109
 第二节 大学生常见人际交往问题分析 …………………… 116

· 1 ·

第三节　大学生人际交往的原则与技巧……………………… 129
第六章　大学生挫折心理与心理韧性提升……………………… 137
　　第一节　挫折的条件、影响因素及其产生原因分析 … 137
　　第二节　大学生的挫折心理与其行为反应……………… 145
　　第三节　大学生抗挫折能力的培养……………………………… 153
　　第四节　大学生心理韧性的提升………………………………… 159

第七章　大学生恋爱心理与积极爱情观的构建……………… 168
　　第一节　大学生恋爱心理发展的规律特点……………… 168
　　第二节　大学生恋爱心理的偏差………………………………… 175
　　第三节　大学生健康恋爱心理的培养…………………………… 179

第八章　大学生网络问题与健康网络意识的教育……………… 188
　　第一节　互联网与大学生…………………………………………… 188
　　第二节　大学生不良网络心理及其调适………………… 196
　　第三节　健康网络意识的教育…………………………………… 203

第九章　大学生创业心理与创业积极心理品质的培养…… 211
　　第一节　创业心理概述……………………………………………… 211
　　第二节　大学生常见创业心理问题分析………………… 217
　　第三节　大学生创业积极心理品质的培养……………… 220

第十章　大学生常见心理危机与积极心理干预……………… 226
　　第一节　危机干预的理论与模式………………………………… 226
　　第二节　心理危机与心理危机产生的原因……………… 234
　　第三节　大学生常见的心理危机与大学生
　　　　　　极端心理危机的预防………………………………… 244

参考文献……………………………………………………………………… 257

第一章 积极心理学

积极心理学是近些年慢慢兴起的一门新学科,它不同于传统的心理学研究,而主要将目光转移到正常普通人,关注人的积极品质,强调人的价值与人文关怀,帮助人不断去寻找幸福感,在生活中去获得理想生活。大学生是一个特殊的群体,他们的生理发展已经成熟,但心理发展还未成熟。大学生的很多心理问题其实并不严重,所以引入积极心理学,对于培养大学生的积极心理品质,促进大学生心理的健康发展有十分重要的意义。作为本书的开篇,本章主要对积极心理学及大学生积极心理的培养进行简单阐述。

第一节 积极心理学概述

一、积极心理学的发展历程

"积极心理健康"的概念最早由玛丽·雅霍达(Marie Jahoda)在1958年提出。她认为,积极心理健康可以被视为促进持续发展的人格特征或被视为人格和社会环境的良性互动状态。20世纪50年代末,美国心理健康联合委员会为了在国内推动心理健康运动而出版了一套关于心理健康方面的系列丛书,其中第一本是心理学家玛丽·雅霍达的《当代积极心理健康观》。在这本书中,玛丽·雅霍达第一次在心理学界提出了"积极心理健康"的概念。她认为,积极心理健康包括;积极的自我态度;全面地成长、发展和自我实现;整合性——一种集中统合的心理功能;自主发挥功能的能力;对现实的准确认识;能掌控自己周围的环境。玛丽·雅霍达提出的"积极心理健康",为人们创立积极心理健康教育提供了理论的"种子"。

"积极心理学"这个词最早于1954年出现在马斯洛的著作《动机与人格》中的最后一章"走向积极心理学"。但直到美国心理协会前主席马丁·赛利格曼(Martin E.P. Seligman)在1998年的美国心理协会年度大会上明确提出把建立积极心理学作为自己任职内的一大任务时,积极心理学才开始正式受到世人的关注。

在第二次世界大战之前,心理学通常担任三项重要的使命:一是治疗各类心理疾病;二是帮助普通人生活得更精彩,并富有一定的创造力;三是发现并培养人类的卓越才能。然而,第二次世界大战后,大量士兵在战场上身体和心理受到创伤,普通心理学主要的任务就在于不断治疗这些由战争所产生的内心伤害,研究者们不断探究如何治疗心理问题的方法。这种矫正心理疾病的模式统治了心理学半个世纪。

针对心理学发展方向的偏差,赛利格曼指出:"当代心理学正处在一个新的历史转折时期,心理学家扮演着极为重要的角色并具有新的使命,那就是如何促进个人与社会的发展,帮助人们走向幸福,使儿童健康成长,使家庭幸福美满,使员工心情舒畅,使公众称心如意。"可见,积极心理学是以一种新的视角诠释心理学,它不同于以往心理学关注心理疾病和障碍的研究,而将心理学的研究关注点放在心理健康和良好的心理状态方面,是一门旨在促进个人、群体和整个社会发展完善和自我实现的科学;强调心理学不仅要帮助那些处于某种"逆境"条件下的人们知道如何求得生存并得到良好的发展,更要帮助那些处于正常环境条件下的普通人学会怎样建立起高质量的社会生活和个人生活。

2009年,赛利格曼在《美国心理学家》杂志上发表了自己所撰写的《积极心理学导论》这篇文章,开辟了新兴心理学研究的新道路。他提倡通过较为科学的实验方法进行研究,通过具体数据的记录、比对来研究人的道德和良好本性。国外相关学者也将其研究方向定义为一种以积极品格为核心,以人的幸福为主体的科学研究。伴随着积极心理学的相关理论体系的持续完善,很多高等学院都开设了这门课程,也有更多研究机构参与研究,积极心理学逐步得到了大众的认可,进入了一个蓬勃发展的时期。

二、积极心理学的主要研究内容

根据塞利格曼的观点,积极心理学应该关注三个层面的内容:一是主观层面,就是研究积极的情绪和情感,即主观幸福感;二是个体层面,即积极人格特质;三是群体层面,即积极的团体和社会制度,包括关系良好的团体、幸福的家庭等。于是,主观幸福感、积极人格特质、积极的团体和制度就是积极心理学研究的主要内容。

(一)主观幸福感

幸福是所有人追求的一种生活状态,分主观和客观两个方面。主观幸福感包括人们如何评估、分析自己现在的生活状态和如何分析以前很长一段时间内的生活状态。这些评估包括人们对事件的情绪反应、人们对生活满意度形成的判断和对婚姻、工作的满意感等。因此,主观幸福感关注的是外行人如何看待幸福和满意感。研究者认为主观幸福感包含三个基本结构,即认知因素、体验积极情感和缺乏消极情感。此外,有些研究者认为生活满意度、心理幸福感、积极和消极情感等也可以用来代表主观幸福感。

主观幸福感的主要理论包括以下两个方面。

(1)遗传和人格理论。气质和人格对主观幸福感有重要的影响。许多学者发现,人格中的外倾性和神经质与主观幸福感有很强的相关。泰勒根(Tellegen)等在1988年进行了双生子研究,研究结果发现,在不同家庭环境中长大的同卵双生子在主观幸福感的水平上比在同样家庭环境中长大的异卵双生子更接近。卢卡斯(Lucas)在2000年的研究中通过多种方法测量得出外倾性与愉快影响的相关高达0.8。卢卡斯等人认为外倾性是来自积极情感的个体差异,他还认为主观幸福感在受人格影响的基础上,生活事件的变化也会引起主观幸福感的变化,如果生活状态重回正常,那么主观幸福感的水平也会恢复到正常状态。此外,德内夫(Deneve)等人也发现,许多其他特质与主观幸福感相关,如压抑地顺从、信任、控制的欲望、自尊等都与主观幸福感相关。基于格雷(Gray)的人格理论,沃森(Watson)和克拉克(Clark)假设神经质和外倾性分别对消极情感和积极情感具有较高的气质易感性,即对主观幸福感起着气质性作用。

(2)目标理论。这一理论认为,主观幸福感产生于需要的满足及目标的实现,目标和价值取向决定人的幸福感。如果生活中设定了合适的目标,就能够使人的生活更加有意义,而且能使人产生自我效能感。目标与人生活的文化息息相关,不同文化背景下的人,目标种类、结构、向目标接近的方法不尽相同,只有目标与个人的生活背景相适应,才能提高主观幸福感。布朗斯坦(Brunstein)等人认为,当个体的目标与内心的需要相一致时,目标的实现才能提高主观幸福感。研究者发现,生活环境与主观幸福感的相关仅为中等。第二次世界大战后,经济发展迅速,收入剧增,但是发达国家的人民主观幸福感并没有随着收入的剧增呈现急剧上涨的趋势,而是平稳发展。这是因为人们的预期随着收入的增加而增加,所以主观幸福感没有显著提高。

还有一些研究者提出了人格—环境交互作用理论,此理论认为基因对主观幸福感的影响不是直接的。还有一种理论认为,社会比较会影响主观幸福感,而人格特质在社会比较理论中起重要作用。

(二)积极的人格特质

积极的人格特质是积极心理学的主要构成部分。如果能在社会生活中以一种积极合理、乐观向上的方式处理各种问题,长期坚持这样的处世方法,并形成这样的思维处世习惯,积极人格特质也便形成了。积极的人格特质能够很好地帮助人们去面对生活中的各种问题,提高自身遇事的处理能力。

积极人格特质主要包括乐观、积极防御和自我独立思考能力。

1. 乐观

在积极的人格特质中,研究者关注最多的是乐观。研究者普遍认为乐观是人格中较为稳定的一种特质,比较受到认可的定义主要有两种:一种是乐观人格倾向,也叫气质性乐观;另一种是乐观解释风格。谢尔(Scheier)等人首次提出了乐观人格倾向(气质性乐观)的概念。他们认为乐观不仅指在具体情境中的期望,而且是指一种具有跨情境和跨时间一致性的类化期望。乐观解释风格由塞利格曼的"习得性无助"概念发展而来。乐观解释风格将积极事件归因为内部的、稳定的、普遍的原因,将消极事件归因为外部的、不稳定的、具体的原因。具有乐观解释风格的人被称为乐观者,反之则被称为悲观者。已有研究表明,乐观主要受遗传、年龄、早期经验和文化等因素的影响。

乐观定向者会比悲观定向者每天以更加积极的方式行事,并期待更加积极的结果。积极的生活定向被认为对健康有益,因为高度乐观的个体比悲观者会吸引到更多的支持和社会关系;而悲观者在压力情景下更倾向于放弃或逃离。

很多研究都证实了乐观与个体生理、心理的关系。甘普(Gump)等人研究发现,高乐观者更不容易患高血压,具有更好的肺功能。Achat研究发现,老年男性的乐观能够预测更好的健康感知以及更低的身体疼痛。Brissrtte等发现,高乐观者在重大生活事件后,紧张和抑郁的症状会更少。哈丁(Hardin)的研究也发现,乐观对社会焦虑和抑郁具有预测作用。

乐观还与学业成就及工作绩效呈正相关。汤普森(Thompson)等人研究了大学生的乐观—悲观和应对之间的关系。在期中考试两周前,测量了299名被试的乐观和学业动机,考试两周后测量了学业动机和应对。结果显示,自我决定动机在气质性乐观和任务定向的应对之间起中介作用,非自我决定的动机在气质性悲观和分离定向的应对之间起中介作用。

乐观也会影响生活满意度。Daukantaite等以13岁、43岁的人为被试对象研究了乐观同主观幸福感(SWB)的关系。这项纵向研究结果表明:只有13岁时的乐观与43岁时的SWB的三个成分都有相关;通过结构方程的研究发现,13岁时的乐观影响了43岁时的乐观,43岁时的乐观直接影响43岁时的生活满意度,并通过消极情感间接影响生活满意度。

2. 积极防御

防御机制是个体应付各种紧张刺激,防止或减轻焦虑、愧疚等精神压力,维护心理安宁的潜意识心理反应。最早提出防御机制这个概念的是弗洛伊德,其将心理防御机制总结为压抑、投射、内向投射、升华、反向作用、认同、合理化、解脱、固执、退行。瓦利恩特(Valliant)曾对30名男性被试进行研究后,将心理防御机制分为四类,分别为:自恋性防御机制、不成熟防御机制、神经症性防御机制潜抑、成熟的防御机制。人们的大脑皮层的成熟程度、社会环境、性别、受教育方式、个性特征或重大生活事件等都对防御机制产生影响。

目前,测量防御机制的问卷主要有Glaser和Ihilevich编制的心理防御机制问卷。北师大发展心理研究所在1989年对其进行修订。此问卷包含10个假想的故事,针对性别不同、年龄不同的被试者分别有相应的变式。每个故事后面有实际反应、冲动反应、想法、感受4种问题,每种问题下有5种选项可供选择。此问卷使用投射技术,能够揭示被试的内心想法,信效度良好。

3. 自我独立思考能力

自我独立思考能力是积极的人格特质中一项十分重要的特质。一个人对问题是独立思考还是依附于他人,对这个人的成长起决定性的影响。自我独立思考能力与先天条件、成长环境、后天学习与激励三个方面有着密切的关系。除此之外,后天的社会价值观念的影响和生活经历的磨炼也会影响自我独立思考能力的成长和提高。

（三）积极的团体和制度

在群体层面,塞利格曼主要研究积极的团体和社会制度,包括关系良好的团体、幸福的家庭等。

积极心理学家对于如何获得幸福的婚姻做了一系列的探索和研究,主要包括情感、认知、行为三方面。研究结果表明,幸福的夫妇和婚姻不幸的夫妻相比,表达更少的消极情感、更多的积极情感。在幸福的婚姻中,夫妻双方都对亲密关系充满积极的信念和情感,如欣赏、信任、爱和忠诚等。在对于婚姻的积极认知变量的研究中发现,归因对事件的解释方式对婚姻满意度的影响较大。要维持良好的婚姻关系,应该要掌握正确的归因方式。例如,对于家庭中的消极事件,可将其归因为暂时的、特殊外部原因引起;而对正性的、积极的事件归因为持续稳定的配偶的特性,可归结为人格特质。这样有助于幸福婚姻的维持。行为变量的影响程度占到整个婚姻变异的25%。当然,在任何一个家庭中,都不可能只存在积极行为,而完全没有消极行为。但是,双方的积极行为数量多于消极行为数量,则婚姻关系是较令人满意的。子女积极品质的成长得益于良好的亲子互动和家庭氛围。生长在美满的家庭中,子女才更有可能拥有健康积极的人格。

积极心理学有多种多样的技术,冥想是其中非常有效的一项技术。

不同的学者对冥想有不同定义。Bishop等人认为冥想由两个方面组成,即"注意的自我调节"和"具有好奇心、开放性和接纳性的方向"。Kabat-zinn提出,冥想就是以一种特殊的方式注意,这种特殊的方式即指"有目的觉察""关注当下"和"不做判断"。布朗(Brown)在2003年明确提出了冥想的定义,认为冥想也是意识的一种状态,是一种对于处于当下此刻刺激的更高的注意。他还认为,冥想是个人拥有的一种能不断发展的特质,但每个人的特质水平不同。

许多学者研究了冥想训练的积极效果,如能提高总体生活满意度和幸福感,能增加积极情感,能提高自尊。此外,基于冥想的疗法已经被证明对治疗慢性疼痛、焦虑、边缘型人格障碍、进食障碍、抑郁、成瘾性等有效。

在夫妻关系中,研究者发现,冥想与婚姻满意度、关系紧张时有技巧地应对、接纳、同理心呈正相关。Shaver 等在 2007 年的研究表明,冥想与安全型依附正相关,与焦虑、逃避型依附负相关。Barens 等在 2007 年的研究结果表明,高冥想能力与提高婚姻满意度相关;高冥想能力的人面对紧张关系时,适应性的反应更多;自我控制和调节能力更强;对配偶有更多的积极认知;沟通更有效。可见,冥想干预对提高夫妻共同的婚姻满意度更有效,而不是针对个人。

Siegel 提出,在亲子关系中,冥想有助于打破不良的自动模式,促进家长以更深层、更协调的方式与孩子交流。他指出,家长可以进行冥想训练,提高情绪调节能力,从而帮助孩子成长发展。

第二节　大学生积极心理的培养

人不能决定生命的长度,但可以把握它的宽度;不能左右天气的阴晴,但可以改变自己的心情;不能改变自己的容貌,但可以展现自己的笑脸。对于大学生而言,也是如此。大学生只有拥有积极的心理品质,追求积极向上的力量,才能使自己的学习和生活更加充实、幸福、有价值。

一、大学生积极心理品质的内容

积极心理品质是一种正向的、主动的心理品质。大学生积极心理品质表现在体验、自我意识、情绪、学习、人际交往、挫折、恋爱、网络等诸多方面,表现为积极体验、积极自我意识、积极情绪、积极学习心理、积极人际交往心理、积极抗挫心理、积极恋爱心理、健康网络意识等,由于积极自我意识、积极情绪、积极学习心理、积极人际交往心理、积极抗挫心理、积极恋爱心理、健康网络意识等内容在本书其他章节将有详述,此处就只针对积极体验展开论述。体验是人对外界的各种刺激所做出的心理反应。积极体验主要包括满意、福乐、乐观和希望。

(一)满意

除了新生儿,每个人都有过去,对于回忆过去的这些事,有些会让我们感到愉快,有些则会让我们感到伤心。但不管是愉快的还是伤心的,这些事件本身都已经发生,即使我们总对那些过去的不幸耿耿于怀。我们需要正确地理解过去,获得对过去生活的满意度。人过去的经历可能会对现在或将来产生一定的影响,但是这种影响其实是通过人回忆过去产生的情绪体验来起作用的,并不是过去的事件仍在真实地起着作用。所以,对于大学生来说,应该积极地面对过去,不管过去怎样,都已经走过来了,能坚强地走过来就是胜利。

(二)福乐

"福乐"是我国积极心理学研究者任俊根据国外积极心理学中的 Flow 翻译而来的。目前,在我国,对于 Flow 的翻译并没有统一,除了"福乐"外,Flow 还被翻译成了"沉浸""心流"和"流畅感"等。本书采用任俊的译法,将 Flow 的中文意思对应为"福乐"。

自从"福乐"被提出之后,很多学者都对它进行了研究,并取得了众多的研究成果,在这些研究成果的基础上,可以概括出"福乐"状态下个体的一些特征。

第一,个体会强烈地把注意力集中在当前从事的活动上。

第二,意识与正在从事的活动会合二为一。

第三,会暂时失去一些自我意识。

第四,能认识到自己有能力掌控自己当前所做的行为活动。

第五,会出现暂时性体验失真。

第六,活动体验本身成为活动的内在动机,通常情况下完成活动就是进行活动的最好理由。

第七,具有直接的即时反馈,活动的每一个环节都是对上一活动环节的反馈。

第八,个体所感知到的活动的挑战性和自身的技能水平间具有平衡性。

第九,有明确的活动目标。

(三)乐观

心理学研究证明,人们常常会用两种完全不同的思维来看待身边已经到来的,或是将要到来的事物。有的人似乎生下来就拥有一种积极的视角,善于从身边的琐事中寻找到各种乐趣,让自己更加快乐。这些人大都热爱生活,活在当下的每分每秒,即使面对突如其来的打击,他们也能从中看到希望,这就是乐观。

所谓的乐观,就是一种人的十分积极的性格因素,就是不管在什么状况下,都能够保持良好的心态,相信坏事情总会过去,相信未来总是美好的一种心境。简而言之,乐观就是有一个"美好的信念"。

乐观不是客观的,而是一种主观心态;虽然乐观指向未来,但会对当下及今后一段时间内的行为会产生影响。从这一层面来说,乐观不仅是一种认知判断结果,而且是一种主观愿望结果,这种主观愿望结果会切切实实地影响着我们现在和今后一段时间内的行为。

一个人对未来的预期越乐观,那么他在行为上就越能坚持朝着自己的目标和梦想前进,越愿意付出更多的时间和精力去做事情。一般情况下,乐观的人总是会积极地期待着朝日常生活中的那些单个目标前进。除了这些自己所期望能够实现目标外,乐观的人还能较为忠诚和执着地坚持自己的目标,不会因为外界环境的改变而改变这些目标。同时,乐观的人拥有更高的自尊,在遭遇某些挫折的时候,他们能够以一种更积极的心态来分析与评价由于挫折而产生的各种压力情境,并运用各种任务定向的应对策略,积极、主动地寻找各种问题解决的方法,寻求社会支持系统的帮助,在自我接纳的同时进行自我改进,积极重新定义压力事件,利用爱好或兴趣转移注意力克服困难,从而得到更多的资源推动自己更好地前进。此外,乐观也有助于提高个体的满意度。

(四)希望

希望是一种愉快的、积极的可能会实现的信念。就大多数普通人的直觉而言,希望展现的是一种情绪体验,是一种个体在逆境或者困境环境中支撑自己美好信念的独特情绪。

人生的意义在于希望。有了希望,就有了动力,就有勇气面对一切。但要注意的是,只有处于一种适中的合理的希望水平时,希望才能够促进成功。一个人如果充满不切实际的希望还可能会掉进承诺升级的陷阱,即使他的目标十分富有挑战性,但如果没有战略意义或者根本不可能实现的时候,仍然继续热情地追求目标的实现可能会使人面临惨痛的失败。

二、大学生积极心理品质的养成

大学生积极心理品质的养成主要从学校和大学生个人两个方面入手。

（一）高校方面

1. 全员育人，激发学生积极应对问题的潜能

新生入校后，将积极心理健康教育工作融入新生的工作中，以关心学生需求、关注学生健康成长为出发点，提高服务质量，开展积极理念的思想引领活动。

2. 开展精品活动，增强学生感知幸福的能力

高校要广泛开展丰富多彩的心理健康教育活动，并要与时俱进，不断改革创新，创设精品，确保活动的实效性和发展性，满足变化中的学生心理需求。

3. 加强组织建设，提高学生自助与互助的主观能动性

首先，加强心理健康教育网络中的学生组织建设，选拔身心健康、热情开朗、乐于助人的班级心理健康委员和宿舍心理健康信息员加入网络建设中，然后由专业的、专兼职心理辅导教师开展各种形式的培训。

其次，组建大学生心理健康协会或社团。鼓励学生团体独自开展活动。在开展各项活动的过程中，由他们自己发现和提出问题、设计主题、独立解决问题，更有利于提高心理健康教育的针对性和实效性。

4. 积极防控，促进学生正向发展

为学生建立心理健康档案，进行面对面的筛查，及时发现大学生中存在的心理健康问题，采用有的放矢的积极干预措施，开展团体心理辅导活动，安排乐于助人、情商较高的学生参与其中，促进学生正向发展。

5. 运用多种心理辅导方法，激发学生正能量

首先，高校心理辅导员要树立积极的人性观和心理健康观等，在探寻产生问题的根本原因的基础上，引导学生从问题本身去获得积极的体验,发展和积累成功经验,激发正能量,提高自信心。

其次,灵活运用多种积极的心理辅导方法,如采用"合理情绪疗法",改变认知模式,用合理信念取代不合理信念,并强化积极信念的形成。

6. 凝聚学校、家庭、社会的合力,构建积极组织系统

虽然学校在大学生心理健康教育中起到主导作用,但家庭是影响大学生心理发展的重要因素,也是引起学生心理问题的主要根源地;而社会从物质因素、文化环境或主流价值观等方面全方位影响着学生的成长。因此,对于大学新生尤其要重视学校—家庭—社会互动网络建设,共同打造积极的育人环境。

首先,学校教育与家庭教育要密切配合,保持高度的一致性,学校通过分发或邮寄相关心理健康教育资料、网站建设,宣传、普及积极心理学知识和理念,引导和帮助家长树立正确的教育观,形成良好的民主性家庭教育氛围,充分了解孩子,尊重孩子,提升孩子的主观幸福感,积极引导孩子的健康发展。

其次,社会各界包括教育行政部门、社会、大众媒体等都要高度重视大学生的心理健康教育,充分体现积极心理学理念下的人文关怀和科学精神,更多地从智慧、勇气、仁爱、公正、节制、卓越等积极层面去激发他们的青春活力和正能量,培养他们感恩社会、奉献社会的精神,鼓励他们积极适应社会环境。

(二)大学生自身方面

1. 树立符合实际的奋斗目标

大学生要摆脱心理上的困惑,就要为自己设定一个远大的目标。当然,目标并非越大越好,大到做不到,目标本身就失去了价值和意义。一个目标,既要有能达到的把握,又存在适度的风险;既能通过自己的努力实现,又能在实现后使自己感到满意。

2. 了解自我，悦纳自我

第一，学会多方面、多途径了解自己，不盲目自信，也不妄自菲薄。

第二，学会从周围获悉对自我的真实反馈。如果学生对于从周围同伴获取的有关自我的信息不能正确分析，就会造成自我认识误差，不能客观、正确地了解自我。

第三，学会从社会生活经验中去了解自我。积极参加各种社会实践活动，在实践中锻炼自己的能力，并扩大自己的社会接触面，积累经验，增加自我了解。

第四，热爱生活。五彩缤纷的生活是快乐的源泉，大学生不要用不切实际的标准来奢求生活，而要用合理的标准来对待生活、看待自己，做到"知足常乐"，唯有如此，才能保持心情的舒畅和精神的振奋。

第五，避免用唯一标准来衡量自己。"金无足赤，人无完人"，每个人都不是十全十美的，要正确对待得与失，以免引起不必要的自卑情绪和自我否定。

3. 学会管理和调整情绪

（1）培养乐观主义精神。积极乐观的精神能促使人保持良好的情绪状态，从而轻松、从容地应对生活。

（2）合理宣泄不良情绪。利用或创造某种条件，以合理的方式把压抑的情绪倾诉和表达出来，以减轻或消除心理压力，稳定情绪。宣泄是一种释放，宣泄的过程也是人们进行心理自我调整的过程。宣泄是治愈心理问题最重要的环节，良好的宣泄能使心理困扰好一半，大学生可以采取倾诉、书写、运动、哭泣或喊叫等方式进行合理宣泄。

4. 运用积极的心理防御机制

心理防御机制是指个体面临挫折或冲突的紧张情境时，在其内部心理活动中具有的自觉或不自觉的解脱烦恼、减轻内心不安、以恢复心理平衡与稳定的一种适应性倾向。常用的心理防御机制包括积极的和消极的两类。积极的心理防御机制可使大学生心理挫折得到一定缓冲的同时,还可能表现出自信、愉快、进取的倾向,从而有助于大学生战胜挫折;消极的心理防御机制只能暂时稳定情绪,不能从根本上解决大学生的心理困惑,只能暂时使用,不能长期依赖。

第二章 大学生自我意识与积极自我的培养

自我意识是大学生人格发展的核心要素,在自我认知、自我体验与自我控制三者相互影响、相互作用的过程中,大学生的自我意识逐渐加强,并对其个人的情感、行为,甚至才能都会产生一定的影响。由于大学生的自我意识发展并不平衡,因此往往会出现对自我评价和认识过高或过低的现象。这对学生的个性健全发展和心理健康都会产生不良的影响。这就要求高校对学生进行自我意识发展心理指导,使学生能正确认识自我、评价自我,建立符合自己实际条件的、积极的自我意识和自我观念;帮助学生认可自我,悦纳自我,学会调节、控制自我,发展自我,进行自我教育,使个性健全发展。

第一节 自我意识与心理健康

一、自我意识的基本认知

(一)自我意识的含义

自我意识是人格结构中最核心的部分。根据诸多学者的研究成果可总结出,自我意识就是指个体对自己的身心状况,以及对自己与他人、自己周围世界关系的清醒认识。

第二章 大学生自我意识与积极自我的培养

从一定意义上来说,自我意识是一个具有多维度、多层次的复杂心理系统。因此,探讨自我意识的具体含义可从以下几个角度进行。

1. 内容角度

从内容这一角度来看,可将自我意识划分为三个层次,即生理、心理和社会三方面的自我意识。生理自我意识是指个体对自身的容貌、体型等方面的意识,它是指个体对自身生理属性的意识;心理自我意识是指个体对自身心理属性的认识,如个体对自身心理状态、心理过程、人格特征、行为表现等方面的意识;社会自我意识是指个体对自身社会属性的意识,如对自身社会地位、社会角色以及权利与义务等方面的意识。

2. 自我观念角度

从自我观念角度来看,对自我意识的理解可以从现实自我、投射自我以及理想自我三个方面来进行。现实自我是指以自己的立场作出发点,个体对现实自我形成一种看法。投射自我是指个体从他人眼中折射出来的自我的想象,如个体会经常通过想象自己在他人心目中的形象,想象他人对自己可能有的评价。实际上,现实自我与投射自我两者之间存在着一定的距离。如果距离较大,个体就会感受到自己不被别人所了解和理解。理想自我是指以自身的立场为出发点,个体对将来的自我所产生的一种期望。它是一个人想要完善的形象,是一个人行为的重要动力与参考。因此,它与现实自我也是有所区别的。

3. 形式角度

从形式的角度来看,可将自我意识分为三个层面,即认知的、情感的和意志的,这就相对应地产生了自我认识、自我体验和自我调控。

(1)自我认识,它属于自我意识中的认知成分,是个体对自身和自身与周围世界关系的认识。主要包括自我感觉、自我观察、自我观念、自我分析和自我评价等方面的内容。其中,自我评价集中代表了自我认识发展的水平,是自我体验和自我控制的前提。

(2)自我体验,它属于自我意识中的情感成分,主要表现在个体对自己的态度。自我体验主要包括自我感受、自尊心、自爱、自豪、自卑、责任感和义务感等方面的内容。

(3)自我控制,它属于自我意识中的意志成分,主要表现为个人对自己行为的调节、自己对待他人和自己态度的调节,所以我们也经常将其称为自我调节。自我控制集中体现了自我意识在改造主观世界方面的能动作用,主要包括自我监督、自我激励和自我设计等方面的内容。

(二)自我意识的特点

自我意识具有自身显著的特点,概括来说,这些特点主要包括以下几方面。

1. 系统性

自我意识是意识中非常重要的组成部分,也是人心理发展的高级阶段。现代心理学常把人的心理活动分为知、情、意三个部分。自我意识不仅包括对自己形成的认知,而且也包括认知后产生的情感体验以及基于自我认识与自我体验而产生的对自我的态度与要求的意向。

2. 统一性

自我意识的统一性是指自我意识能够保持一致。个体自我意识在发展的过程中,总是受到来自社会各个方面的影响,直至青年时期,个体自我意识才能真正地稳定下来。青年期以后,个体对自我的基本认识和基本态度就会保持一贯。个体自我意识越是成熟健康,就越能够对自己有个清晰的定位,否则就会出现统一性偏差。

3. 矛盾性

个体自我意识从产生要发展要经历一个不断变化的过程。个体在不同的成长时期,自我意识常常会出现一些矛盾性。比如,理想自我与现实自我的矛盾和混淆。前者总是要超出后者许多,使二者之间产生一个较大的距离。此外,个人自我和社会自我也可能发生矛盾和混淆。

4. 独特性

自我意识具有独特性的特点,这一特点主要表现在以下两方面。

第一,每个人的自我意识都是自我个性中不可或缺的组成部分,它具备其他人所没有的个性和特点。

第二,自我意识从产生到发展再到最终成熟,是一个由被动到主动的过程。在这个过程中,由于个体所处的环境不同,导致个体自我意识具备了独特性。同时,他人的评价也会给个体造成独特的心理感受,影响个体的心理发展。

5. 社会性

自我意识是人们在社会中逐渐形成和发展起来的,因而它是社会的产物。它的发展过程,实质上就是个体社会化的过程。只有在社会环境中,个体才能够发展和成长,才能对自己和周围世界有一个清晰的认识,意识到自我的社会存在,即形成了自我意识。所以,通过社会,个体才能对自己的特点以及自己在与他人的关系中处于什么样的地位有一个明确的认识。

(三)自我意识的发展模式

人的自我意识的发展会经历一个由被动到主动,由不自觉到自觉的过程。这一过程的发展并不是一帆风顺的,它也会经历许多矛盾和分歧,具体到自我意识的发展模式中就表现为分化、矛盾、统一。

1. 自我分化

自我分化是自我意识在发展过程中的起始阶段。个体的自我意识伴随着青春期逐渐发展起来,形成了鲜明的"主我"和"客我"。前者主要是对自我进行主动观察,后者则是通过别人来观察自我。自我的分化促使个体主动地关心自己之前不曾关注到的行为,重新审视自己的内心世界,标志着自我意识逐渐走向成熟。

2. 自我矛盾

在自我意识的发展过程中,主我对自我的认识逐渐产生了分化,发觉现实自我与理想自我之间还有很大的差距,于是内心出现冲突、不安甚至是痛苦。这种自我矛盾是自我意识发展过程中不可避免的,是一种正常现象。

3. 自我统一

虽然自我矛盾会给个体带来精神上的痛苦,但也正是由于这种矛盾和冲突能促使个体不断奋发向前,促使个体能够在现实中用实事求是的眼光来看待自己,以便给未来的自己重现定位,并且努力奋斗,不断地改善自己、超越自己,尽量缩小现实我与理想我的差距,努力实现二者的统一。这种统一是自我认识、自我体验和自我调控的统一,是主体与客体现实的统一。

二、自我意识与心理健康的关系

自我意识对个体发展,尤其是心理健康发展来说是十分重要的,其作用主要体现在以下几方面。

(一)自我意识影响个体对未来的期待

个体在自我意识的基础上形成对自己的期望,并且在自我意识的基础上选择今后的行为。心理学研究表明,自我意识影响人们自我期待的水平,自我期待的水平在一定程度上又会影响自我学习的最终结果。心理学上将这种作用称为自验预言,即由一定的自我意识引发的期望,使人们倾向于运用可以使这种期望得以实现的行为方式的心理现象。

（二）自我意识影响个体对经验的解释

即使是面对相同的经验,不同的人可能也会有不同的解释。选取何种解释方式则取决于一个人的自我意识。如果一个人认识到自己的能力水平一般,那么在他取得了较大的成功之后,他就会表现得十分高兴和满足;而如果一个人认识到自己有较高的能力水平,那么在他取得了与之前那个能力水平一般的人相同的成绩后,他就会觉得自己的水平并没有发挥出来,此时他的内心就会充满沮丧。事实证明,当个人的既有自我意识呈消极状态时,每一种经验都会与消极的自我评价联系在一起;而如果自我概念是积极的,每一种经验都可能被赋予积极的含义。

（三）自我意识使个体的活动具有一致性、共同性和独特性

从他们自身的角度来说,个体活动是具有一致性的。例如,有人认为经商是要讲究诚信的,那么不管在什么买卖场合,他都会遵守自己诚信的信条,否则就会有一种不安和犯罪感。

当个体的活动出现问题,可能预期会有惩罚时,个体总要寻求与其他个体活动的共同性。

个体不希望自己和他人处处一样,这样自己的个性就体现不出来,因此自我总是要寻求自己活动的独特性。

（四）良好的自我意识会提高个体的认识能力

由于受到多方面条件的制约,人们在实现"理想自我"的时候总是会遇到这样或者那样的困难,致使个体产生不同程度的挫折感。这时,自我意识就会把人的心理活动客观地反映出来,人

就会对自己的认识、意志、情感、行为等进行反省,找到受挫的主客观原因,并重新定位"理想自我",使其与"现实自我"趋于统一,这就大大提高了人的认识活动的效能。人们要想实现"理想自我",充分发挥自己的才能和机智,就要对自我不断地进行认识。通过对自我的认知,人们才能发现之前活动中存在的不足,才能重新调整自己的认知策略,使认知活动更加完善,更加有效。

(五)良好的自我意识会促进意志的发展

一个人要想取得成功,光有目标是不行的,还必须要对自己的行为进行调节和控制,而这种调节和控制则离不开自我意识。自我意识是实现个人监督的重要力量,是实现自我调节的重要前提。自我意识健全的人,在对自我做出正确认识、合理规划的基础上,能够对自己的注意力、情感、行为等加以控制,以实现自己的目标。反之,则碌碌无为,平庸一生。一个人如果能够对自己进行调节和控制,那么他就能很快地适应环境,规范自己的情绪和行为,最终实现自己的目标。

(六)良好的自我意识是心理健康的重要标志

良好的自我意识是心理健康的重要标志。心理健康的人能够充分地认识自己、接受自己,能及时洞察自己的感觉和意图,明白自己需要努力的方向、需要达到的目的。只有客观、准确地认识和了解自我,并对自己持一种接受和开放的态度,才有可能保持心理健康,才有可能快乐幸福地生活,才有可能充分发挥自己的潜能。反之,则会对个人的身心健康产生不利的影响。

第二节　大学生自我意识发展的特点

总体上来看,随着大学生自我评价水平的提高、能力的发展以及实践经验的积累,大学生自我意识的整体发展水平有了进一步的提高,相对于同龄人来说,大学生的自我意识往往更加富于理想,其自我意识的独立性也更为突出,并表现出以下几方面的发展特点。

一、自我意识觉醒并走向成熟

在大学阶段,个体开始把主要认知对象从客观世界转向自己的主观世界,并在探索自我、关注自我方面逐渐有了进一步的认识与看法。首先,他们对生理自我、心理自我以及社会自我三者之间的关系有了更加深刻与深层次的了解与认识。其次,大学生在正确认识自我价值,努力实现社会价值方面有了更大的自信心。

随着大学生自我意识的觉醒,他们开始更加积极主动地探索自我、关心自我,这就反映了大学生对物质自我、精神自我和社会自我三者之间的关系有了更深的了解,对正确认识自我价值,努力实现社会价值有了更大的信心。大学生自我意识的觉醒,不能简单地理解为"自我奋斗""自我解放"和"自我实现",也不能把社会需要与个人需求简单地分割开来,而应该达成多方面的统一。

具体来看,大学生自我意识的觉醒主要表现在其独立感、自尊心、好胜心等有了一定发展上。

在独立感方面,随着生理、心理的发育,社会生存环境的发展变化,以及其知识的逐渐积累和生活经验的不断扩大,大学生在自我评价、自我调整、自我控制、自我设计、自我体验等方面的能力有了普遍提高。在这种情况下,当代大学生们对于自己未来职业生涯和人生理想有了比以往更高的目标和抱负水平,并且对自己有了更大的信心。他们已经不再满足于事事听命于父母和老师,自我意识有了相当的独立性,明显有了摆脱对父母、老师依赖心理的欲望和行动。应该看到,此时的独立感有时仅仅是为了独立而显示独立。一般来说,到了大学高年级,在积累了大量知识和经验的基础上,独立感才会变得基本成熟,显得稳定而实在。此时,很多人能把独立感放到适当的位置,而独立感如果把握不好则会出现强烈的逆反心理,所以引导大学生的独立感健康发展具有重要意义。

在自尊心方面,大学生要求尊重自己的言行和人格,维护一定的荣誉和社会地位,这是一种与自信心、进取心、责任感和荣誉感密切联系的积极心理品质,是一个人需要尊重的反映。大学生的这种强烈的自尊心、好胜心的心理十分突出,尊重满足与否所引起的情感反映也十分强烈,大学生中一部分心理行为源于自尊,大学生的学习动力之一就是维持一定的自尊。自尊心被认为是最强烈的一种内部驱动力量,对于调节大学生的思想心理行为有着很重要的作用,它直接影响到大学生的心理健康和发展。自尊心过强有可能导致自我中心,唯我独尊;自尊心太弱,则容易自暴自弃,无所作为;自尊心屡屡受挫有可能产生自卑感。当缺乏内在价值感的自尊心成为主导方向时,容易引起一系列的心理问题。

在好胜心上,当今社会竞争激烈,在这种激烈竞争的气氛当中,大学生也产生了强烈的好胜心。应该说,好胜心是一种可贵的品质,它使人不甘心落后,力争上游。在充满竞争的社会里,好胜是成功的驱动力。但是,好胜心过强,而又不能转化为动力的话,则会出现虚荣而不务实的情况,容易滋生自卑和嫉妒心。

二、适应性和耐受性显著增强

大学生自我体验是丰富多彩的,充满了对未来生活的幻想和追求。同时，也要直接面对比以往更多、更强的竞争对手，甚至是前进过程中的挫折和困难。这对大学生适应环境变化的能力是一种挑战，对心理承受力是一种考验。另外，我们还是会发现，在大学生中存在着一些消极的情感体验或盲目乐观的现象。但是，经过大学阶段四年左右时间的磨炼和成长，大学生适应环境和承受多种压力的能力得到了较大幅度的增强，为其将来走向更广阔的社会舞台和更具有挑战性的岗位打下了一定的基础。

三、自我意识更为全面

客观来说，当代大学生对一些事物的认识和看法，虽然谈不上全面、深刻，但是其自我意识发展的水平整体上有了提高，而且比以往更加全面。这具体表现为以下几点。

第一，自我评价的内容涉及自我的性格、气质、能力、理想、道德、信念、世界观、人生观、价值观、社会地位、身材容貌，具有多维度、多层次的特点，而且这种自我认识和自我评价是放在一个比较大的社会背景下进行的，思想认识上也更具有理论性、辩证性、广泛性和深刻性。

第二，大学生自我认识比以前更加积极主动。

第三，大学生的自我体验更加丰富多彩，并且具有多变性，走过了由点到面、由表及里的发展过程。

总而言之，只有大学生具有自我意识的全面性，才可能塑造出大学生全新的自我形象。

四、自我认识水平更高，自我评价能力更强

中学阶段的学生，其自我认知的迫切性已有较为明显的发展和表现。在进入高校后，由于学生学习活动范围的扩大，面对社会的各方面压力，学生深入了解自己的愿望更为迫切，"我究竟是什么样的人？""我可能和应该成为什么样的人？""我的前途

怎样？"等都是大学生们十分感兴趣而又紧迫思考的问题。他们还经常主动地与周围人们做比较来认识自己，主动参照内心所崇敬的英雄模范人物来评价自己。这一切都表明了大学生的自我认识具有更高的自觉性和主动性。与此同时，大学生的自我评价能力也得到了较大发展，并日益成熟。根据关于大学生自我评价能力的研究结果，我们得出大学生的自我评价，在具有高度独立性的同时，还具有较强的概括性和辩证性。另外，大学生对自我的评价也变得更为客观可信，自我形象更具丰富性，评价涉及自己的优缺点、性格气质、道德品质、同学关系、理想确立、世界观形成、社会地位、容貌体形、大学生活、能力才华、性别差异等方面。当然，这一阶段的学生，其自我评价能力的发展还具有一定的不平衡性，一部分学生会对自己进行较高的自我评价，也有一部分学生的自我评价会表现得过低。

五、自我体验深刻、丰富，自尊心明显增强

大学生的自我体验比较丰富，有喜欢、满意自己或讨厌、不满意自己的肯定和否定的体验，有喜悦或忧虑，积极或消极的体验，也有紧张和轻松的体验。这些基本都保持了积极、健康的自我体验基调。据有关大学生的自我体验基本情调的调查结果中，我们发现大学生的自我体验更多地与自己的个性品质、集体荣誉、自我在社会中的发展前途等联系起来，并日趋深刻。

自尊心的需要在高校时期的学生身上会表现得尤为明显，它是个体要求人们尊重自己的言行，维护一定的荣誉和社会地位的一种自我意识倾向，是一种与自信心、尊严感、社会责任感、集体荣誉感密切联系的良好的心理品质，是个体积极向上的内部动力。大学生具有较高的自尊心，其表现主要为自尊的需要十分强烈、好胜、好强、不甘落后、要求他人尊重、强烈自我保护意识、对涉及自尊的事敏感且易显出强烈的情绪反应。正是这种强烈的自尊心激励着大学生更加积极向上，尽可能使自己的言行受到他

人的尊重。值得注意的是,少数大学生存在着自卑感,如不及时克服,将会造成性格上的重大缺陷,严重的会产生自暴自弃的后果。

六、自我设计的愿望强烈

大学生会对自己的人生、对自己的形象有一个设计,这样一种愿望是非常强烈的,他们希冀自己变成理想中的样子,希望自己的生活能达到自己期望的高度,为此他们会不断地努力去汲取知识、培养自己优秀的品格、培养自己的各种能力。由此可见,成就动机是大学生意识里最为强劲的一点。因为自身良好的硬件和软件条件,他们对自己一般都会有一个很高的期待,希望自己能有一番大成就,希望自己能为社会做出一番贡献。但是,他们往往忽略了自己自身的客观实际,在进行自我设计时出现了偏差,这就导致了他们的某些言行出现了不一致的情况。比如,有的大学生一边抨击着社会腐败现象,但在自己找工作的时候,又会"走后门"、托关系。

但是总体而言,普遍大学生的自我设计还是阳光的、积极的,整体仍呈现出一种向上的状态。

第三节 大学生自我意识的偏差与完善

一、大学生自我意识的偏差

在大学生自我意识的形成过程中,他们时常会因为自我认识的不够、自我设定的盲目或者是自我评价的欠缺而给自身带来许多痛苦,出现一些自我意识偏差,这些偏差主要包括以下几方面的内容。

（一）理想自我形象的设定误区

通常情况下，我们每个人都可能感到"自我"好像总是两个，他们不断地进行着比较，然后一个使另一个做出改变或调整。这两个"自我"就是我们常说的"理想我"与"现实我"，前者是我们设定的最佳形象，是我们追求的"目标自我"，而后者是现实状态中的实实在在的真我或我的本来面目，这两个我如果处于不一致的状态中，就必然会给我们带来烦恼。而最常见的就是"理想我"高于"现实我"，"现实我"不知怎样达到"理想我"。

在对两者之间的矛盾进行调节的过程中，人们经常使用的方法有两种。一种是改变"现实我"，以实现"理想我"；另一种是改变"理想我"，以适应"现实我"。一般来说，人们更倾向于使用第一种方法，因为这样属于不会降低"期望值"的愿望达成；而第二种方法是依靠降低"期望值"才达到的统一。如果采用第二种方法，一方面，会使我们其实并不满足；另一方面，还很容易给人造成一种"自我能力否定"的倾向，因为这毕竟是一种认为现在的我"不行"的做法。事实上，这也可能是双向的改变，一进一退，但是不管怎样，矛盾可调节的基础是"理想我"的存在。

（二）主体我对客体我的不接受

自我可以分成主体我与客体我两种，主体我用来表示我会怎么样，是个体主观能动性的积极反映；客体我则用来表示别人会对我怎么样，是一种被动的反映。事实上，二者应该是互相统一的。但是，由于自我意识的多层次性和多结构性，再加上生活环境的差异，主体我与客体我也会出现分歧。

大学生的主体我与客体我的矛盾相对突出。因为在同龄人中，他们接受了相对高水平的教育，希望对自我有一个较高的评价，但他们远离社会，缺乏社会经验，长期生活在安逸、和谐的校园，对社会的了解缺乏实际的感受与客观的目光，所以他们对主体我的定位并不准确。另外,由于我们国家教育体制存在的弊端,导致许多大学生"重理论轻实践、重专业轻基础,重科学轻人文";再加上高等教育大众化进程的推进,适龄青年接受高等教育机会越来越多,社会对大学生的评价更趋客观。大学生回归本位,身上光环的消失使他们产生失落感。

（三）以自我为中心

以自我为中心是指凡事总是从"我"出发,对他人的感受、建议则完全不屑一顾,当自己的愿望无法被满足时则会大发脾气。这是个体在3岁左右时发展出的一个明显的心理特点。一般来说,生理年龄可以说是心理成熟的基础,然而,这两者之间并不存在一种绝对的线性关系,有的人的自我意识则很有可能一生都停留在3岁的自我中心化时期。另外,还有很多大学生具有明显的以自我为中心现象。这给他们带来了很多麻烦,尤其是容易造成人际关系的紧张。

例如,有些同学相当不适应宿舍生活,他们认为,人人都有不同的生活习惯,为什么我就不能白天睡觉、晚上看书；每个人都有朋友,为什么我与朋友在宿舍聊天就会横遭白眼；整天学习有什么劲,为什么我就不能在宿舍听听音乐,唱唱歌,再说声音又不大……客观来说,要想与人相融,必须走出"自我中心",自我中心决不等于个性,而唯一的方法就是要与人将心比心,转换角度,站在他人的位置上考虑事情。

其实,要想与他人融洽相处,以自我为中心的大学生就必须走出"自我中心"误区,要认识到自我中心并不等于个性。解决这一自我意识缺陷的方法主要就是,在与人相处过程中,将心比心,换位思考,有一种健康的同理心,同时对他人的痛苦或不幸有一种深刻的感知,站在他人的角度设身处地为他人着想。

（四）自卑

从客观角度来说,大学生产生自卑心理的原因主要来源于三个方面。一是历史文化原因。在历史上,我国长期处于封建社会,封建制度是对人性极度压抑,所有臣民都必须屈膝于皇帝,越是谦卑越是美德。自民主革命以来,特别是自中华人民共和国成立以来,虽然推翻了封建制度,但是几千年文化积淀中的封建思想极其顽固。在这种情况下,处于 21 世纪的大学生虽然会认同新的观念、积极追求个性的解放和独立,但是仍然会以相当强烈的心态追求与他人的一致,追求个性的完美,然而这是不可能的。二是早期发展中因环境或教育所造成的不良影响。如果大学生在早年的发展与成长过程中,长期遭受伤害、辱骂、父母离异、生活贫困等因素的影响,会在心理上产生巨大的、难以治愈的创伤与阴影。这会使他们带有强烈的自卑心理。自卑会使他们变得沉默寡言,难以发挥本身的才华与潜力,也难以适应环境的变化,严重者则会出现一定的心理障碍。三是遇到过较大的挫折。学生面对挫折是不可避免,也是很正常的一件事,但是如果长期遭受挫折,则很容易产生极大的压力,出现自卑心理。例如,长期的应试教育,使得学生的价值主要以等级、名次来确定,一旦考不好,那些追求成就而又不成熟的学生就会对自己产生深深的怀疑,从而陷入自卑的情绪中。

自卑心理对大学生发展有非常消极的影响,它是潜藏在学生内心、吞噬着学生心灵的恶魔,学生一旦被自卑所侵扰,心灵上便没有了晴天,潜力的发挥受阻,难以适应环境变化,躯体症状也会找上门来。因此,在心理健康教育中帮助学生防止和克服自卑心理便显得格外重要。

（五）自我失控

自我意识的一个必不可少的结构层次就是自我控制。所谓

第二章　大学生自我意识与积极自我的培养

自我控制,就是指个体对行动的有效支配和情感的合理表达。而自我意识如果不能完成这些功能,我们就称为"自我失控",自我失控的表现有许多,主要表现为以下几个方面。

1. 生活缺少目标

在当代社会中,有许多高校大学生的生活缺少目标。有的大学生说:"我不知道现在怎么了,好像整天都过得糊里糊涂的。以前上学就一个心愿,考上大学,可现在上大学却真不知为什么要上大学了。"

2. 拒绝成长

也有一部分大学生拒绝成长,正如某个大学生所说:"说真的,我不愿意长大,我宁可回到让妈妈照顾我的婴儿期。长大有什么好,虽然可以选择吃的、喝的,甚至生活方式,可这些却让我常常觉得恐惧而无助,常常会为选择而伤透脑筋,真希望有谁替我拿主意,免得自寻烦恼。"

3. 过度思考"生命意义"

还有些大学生会说:"我从小就对人很感兴趣,想着人为何而生,可最近发现自己简直陷入'疯狂'了,整天只有这一个问题了,不能安心睡觉,更不可能正常听课、学习,我真的觉得我要疯了。你说,人到底为什么活着?"

4. 怨天尤人

还有一些大学生总是怨天尤人,如某个大学生认为:"我本是个非常有能力的人,都是我的母亲从小对我娇生惯养,使得我丧失了成长的机会。现在有许多事我都觉得很难处理,学习啊,生活啊,如果当初生在一个困难一点的家里,反而好了,我的独立、适应性都可以得到培养了。你们心理学上的弗洛伊德不是说童年期经历对人至关重要,往往决定了人的一生发展吗?我其实挺恨我母亲的。"

二、大学生完善自我意识的方法

自我意识不仅会在相当大程度上影响一个人对其周围世界的认识,还会对其行为产生深刻的影响。一般情况下,具有积极自我意识的人比较乐观、开朗,总会对自己的优缺点有着较为客观而清醒的认识,同时会尽量在生活中做到扬长避短。他们在爱自己的同时也能给予别人与周围的世界以爱心。但是,具有消极自我意识的人总是过分关注自己的缺点,注意不到自己的优点,认为别人各个方面都比自己强。他们大多不爱自己也不爱别人,还经常会表现出抑郁寡欢或总是抱怨的负面情绪,因此很容易诱发自卑、嫉妒、强迫、抑郁、人际关系敏感等心理问题。对此,我们必须关注与完善大学生的自我意识,促使其向积极的方向发展。从大学生的发展特点及高校心理健康教育方面出发,大学生积极自我意识的培养应当注意以下几个方面。

(一)正确认识自我

自我认识是一个复杂的心理过程,在这个过程中,大学生需要对自己的相关情况进行深入的了解。虽然人人希望有"自知之明",但是要想真正做到这一点,还并不是一件容易的事情。尽管如此,我们还是需要通过一些途径来认识自我。具体来说,主要包括以下几个方面。

1. 建立正确的自我评价参照标准

从本质上来说,认识自己也与认识其他一切事物一样,需要一定的标准作为参照系。就好比医生给病人看病一样,病人的血压是否正常,是按照一般的参照标准做诊断的。正确的自我评价参照标准应当是全面的而不是片面的,动态的而不是固定的,积极的而不是消极的,适合自身情况的而不是盲目从众的。

在现实生活中,有的同学常常把握不好自我评价的标准,找不到衡量评价自我的合适的尺度。问题在于这些同学还不善于参与、积累和思考,只要积极地参与到生活中去,积累人生与社会的经验,不断结合自己的心理分析和反思,就能建立正确的自我评价参照标准。

2. 从多角度认识自己

(1)通过有效的社会比较了解自我

美国社会心理学家菲汀格提指出,个体对于自己的评价是通过与他人的能力和条件的比较而确定的,是一个社会化过程。这就引出了社会比较一说。大学生进行有效的社会比较,需要打开自我信息通道以此来保证信息渠道的畅通无阻,也就是说大学生要积极参与到各项社会活动当中去,同时在此过程中做自我观察的有心人,进而积极主动地搜集并整理有关自我的信息。在进行有效社会比较时,大学生首先应当学会欣赏他人,寻找他人身上的优点;其次要站在客观的角度,对自己进行动态的、多方位的社会比较,寻找自己身上的不足,从另一角度把握真实的自我。

(2)通过他人的看法来认识自我

心理学家库利于1902年提出了"镜中我"的理论,即通过他人对自己的评价来了解自己。这一理论给人们带来了很多的启示。确实,人们常常会从他人身上看到自己的影子。所以,通过他人的看法来更好地认识自己是一种非常有效的方法。大学生应该积极投身于各种社会活动中,在行动中不断丰富自己对自然、社会和他人的认知,学会从他人对自己的看法中客观地看待自己,认真地分析自己,对自己有一个清晰的了解。

(3)通过正确的自我评价与反思认识自我

自我评价和反思就是指通过对自己外部行为表现进行评价,并实施一定的反思。通过自我评价来认识自己,大学生最应该注意的就是,制定健康、正确的自我评价参照标准。具体来说,大学生的自我评价参照标准不应是片面的、割裂的,而是全面的;不应是消极的、负面的,而应当是积极的;不应是静态的、固定的,而应是动态的、持续变化的；不应是盲目从众的，而应当是适合大学生的实际发展情况的。这就需要大学生积极参与到生活当中去，不断积累社会经验与人生经历，并根据自己的心理分析与反思，建立自我评价参照标准。

没有自我反思就很难实现自我完善，因而大学生在自我评价的基础上还应当认真分析自己成功或失败的原因，以正确定位自己、调整自己，提高对自我的认识程度。

（二）积极悦纳自我

悦纳自我即一个人相信自己存在的价值，认同自己的能力，并在行为上表现出一种与环境和他人积极互动的心理定式。换句话说，就是一个人无条件地接受自己现实的一切。

积极悦纳自我首先要能全面、客观地认识并接受自己，然而对于任何人而言，全面、客观地认识自己都不是一件容易的事情，更何况是处于人生转折阶段的大学生，其所要面临的情况更加复杂。在这样的情况下，大学生想要接受自我和展示自我也就变得更加困难了。一些大学生会对自己的身材、长相、性格、家庭等表示不满，觉得与别人比较，自己是哪里都不好。对于自己的优势和长处反倒熟视无睹，一味地对现阶段的自己表示排斥。这不得不说是一种很幼稚的表现。人总是不可避免地会对自己有否定的时候，可是拥有健康心理的人会在否定与肯定之间寻求平衡，找到出路。而心理有障碍的不但难以寻求解决问题的方法，还会在日积月累中加剧这种不满，使生活变得更加苦闷、悲剧。

在全面、客观认识自我的基础上，积极悦纳自我还包括欣然接受自己，即愉悦地面对真实的自己，坦然地面对自己的优点，也乐观地接受自己的缺点，始终保持一个真实地状态，人前不虚伪、不虚荣，使人们通过你的外在表现就能对你有所了解。这样一种状态，会使你的人际交往更加密切、真诚、轻松，也更利于你正确、清晰地评价自己。同时，欣然接受自我也是一种自尊自爱的表现。那么，怎样才能做到欣然接受自我呢？

第二章　大学生自我意识与积极自我的培养

首先,不能只从一个点、一个方面去认识自己,必须客观、全面地认识自己、评价自己。对于自己的长处不要过于沾沾自喜,要保持它;对于自己的短处不要逃避,要正视它、改善它。也就是说,在评定自己的时候要正确、合理地评价自己,不妄自菲薄,也不自以为是。

其次,在对待短处的时候,要采取正确地对待它。有的短处是天生的,无法克服、改善的,如天生的身体残疾,这种短处要正视它,学会接受;还有一种短处是后天形成的,可以改变的,在面对这种短处时,我们要尽可能地采取合理的手段、方法去弥补。

最后,要正确地对待失败。在一个人漫长的一生中,失败可谓是家常便饭,有大有小。不同的人对待失败会有不同的态度。我们不可做那种只会埋怨失败的人,那样会让人失去信心。我们要做那种直面失败的人,只有这样,我们才能将失败转化为成功。

要做到悦纳自我,需要强化四条理念。

(1)不管在什么样的情况下,都要相信努力就会有回报,这个回报可能是你期待的结果,也可能是努力的过程中获得经验教训,这不仅会使人保持一种自信的状态,还可能激发人的潜力,产生一种意想不到的效果,从而使个体的自信进一步加强。

(2)别人固然有你达不到的优点和长处,但是你也有自己的特色,要正视自己,不能轻视自己。

(3)俗话说得好:"失之东隅,收之桑榆。"我们不能只讲目光聚焦在自己失去的地方,应多注意自己收获到的东西。换句话说,我们不能只注意自己的优点,还要正视自己的缺点,做到扬长避短。一边发挥自己的长处,一边克服自己的短处,这样成功的可能性才会更大。

(4)不要只看到失败,要坚信失败乃成功之母,所有的失败都有转化为成功的可能,最重要的是在失败中汲取成功的经验。

（三）不断完善自我

对于现代社会中的大学生们来说，其在了解自我、重新发现自我的基础上，还必须要在生活实践上超越现在的我，逐步走向完善。实践活动是个体运用自身的知识和能力的过程，为了满足需要，实现利益，取得价值，对自然界和人类社会进行改造的最基本的活动。对于大学生来说，实践活动主要是指学习活动和配合学习活动开展的实验室实践、生产实习、毕业实习、社会实践活动，以及群体或个人的课余活动等。具体来说，为了不断完善自我，当代大学生在实践活动中应该做到以下几个方面。

1. 制定合理的目标

制定合理的目标是大学生走向成功的关键。因此对于大学生来说，提出自己的目标，并能够有步骤地实现目标是非常重要的。在实现目标的过程中，应该把远大的目标分成不同的阶段，这样大学生就可以按阶段来评价自己实现目标的情况。每一个阶段的目标都是总目标的一个分支，最终大学生在实现了一个个阶段目标之后实现总目标。

需要注意的是，目标可以作为一种刺激，因为理想可以把大学生的现在和将来的区别摆在眼前。对于大学生来说，理想是他们前进的动力，催促他们不断挑战自己、改变自己。如果大学生只是空想，而没有把这种理想转换成动力，那么即使有理想也没有任何改进。

2. 改正错误的理念

很多人都会在内心给自己一定的心理暗示：长期流传下来的观念没有错误；别人的观点都是正确的；某些事情的形成一定是这样的。但其实，这些暗示都是不应该出现的。不管你是什么人，不管你自认为多么失败，你本身仍然具有才能和力量去做使自己快乐而成功的事。例如，很多人都不相信自己有完成某件事情的能力，于是他们对自己产生了怀疑，这种怀疑在很大程度上

第二章 大学生自我意识与积极自我的培养

阻碍了自己通向成功,或是寻找到幸福,因此人们只有尽快从这种状态中脱离出来,才能走向成功,也才能使自我更加完善。

3. 找到自我与社会的契合点

对于即将走向社会的大学生来说,社会实践是很重要的实践途径。大学生自我意识发展的不成熟性,往往是由于找不到自我与社会的契合点。一个人缺乏社会实践,没有社会经验,认识问题必然带有主观性和片面性,也就会在寻找自我与认识社会方面出现断裂。要解决这个问题,大学生在校期间应积极参加各种社会实践活动。这样的做法有以下几个方面的作用。

第一,参加社会实践有助于大学生处理好"自我设计"与社会需要的关系。"自我设计"是指个体基于自身发展的需要,对自己的发展方向、层次及途径做出战略的安排。现代大学生只有通过参加社会实践,开阔视野,克服思想认识上的片面性和主观随意性,根据自身条件设计人生目标,才能很好地适应社会发展的需要。

第二,参加社会实践有助于大学生处理好自我价值与社会价值的关系。自我价值是自我意识中对自身存在的肯定。自我价值表现在人有自尊、自爱、自信的需要。大学生在实践活动中可以增强集体归属感,把个人表现和集体荣誉联系在一起,切身感到集体的团结协作精神是个人价值实现的保证,同时认识到社会现实对知识、对人才的迫切需要,认识到知识只有用于社会、服务于人民才会获得最高的社会价值。

第三,参加社会实践还有助于大学生增强社会责任心和使命感。在社会实践中,大学生可以更紧密地与工农接触,能直接体验到工人、农民身上蕴含着的中华民族的优秀品格,而这正是大学生需要汲取的精神营养。除此之外,大学生通过参加社会实践,还能清楚地看到中国经济、文化发展的不平衡性,意识到自己对社会应尽的义务和责任,增强使命感。

总体来说,社会实践能使大学生在正视自我、正视社会的基础上,科学地认识自我、发展自我。

4.学会从挫折中吸取经验

挫折是一种情绪上的感受,当人们的某个目标或者是某种愿望不能实现时,这种感觉就会产生。对于大学生来说,如果他们的学习成绩不能达到自己预期的目标或者是不能与他人友好交往时,他们的内心就会产生受挫的情绪体验。不过大学生必须懂得,在学习和社会生活中,必然会出现这样或者那样的问题,这些问题的出现在一定程度上都是正常的,对此大学生应该在这些挫折中吸取教训。而随着各种经验教训的不断积累,大学生的自我也会在此过程中不断完善。

(四)有效控制自我

有效控制自我的过程,即大学生主动定向对自我进行改造的过程,也就是通过主动改变"现实我"来实现"理想我"的过程。这一过程也是培养积极自我意识的重要途径。大学生要实现自我的有效控制,需要从以下几个方面努力。

1.确立合适的"理想我"

美国的心理学家艾金逊曾经进行过一个有关抱负水平的投环实验。他通过让被试者自由对投环距离进行选择,从而按照投中与否、距离远近等指标来进行综合评估与计算成绩。实验结果表明,一般成就动机较高的人,也就是那种努力工作追求成功的人,他们通常会选择中等距离的位置进行投掷;而那些成就动机相对较低的人,大多会选择很近或很远的位置来进行投掷。通过上述实验表明,成功者大多希望在适度又有一定的冒险情况下做出一定的努力,因而他们的抱负水平相对而言是比较适中的;但是那些成就动机低的人是在完全没有把握或完全碰运气的情况下来进行工作,因而其抱负水平通常不是偏低就是过高。可见,大学生在确立抱负水平的时候,必须立足实际现状,从自身的具体情况出发,制定出通过一定努力便能够实现的恰当的目标,也就是确立合适的"理想我"。

第二章　大学生自我意识与积极自我的培养

2. 培养顽强的意志力

对自我有效的控制几乎都离不开坚强的意志。一个的意志力主要表现为：对目标认识的主动性与自觉性，对实现目标的决心，排除干扰的能力，克服困难的能力，对成功的态度，以及对失败与挫折的承受能力。因此，培养大学生的意志力，首先应当使他们与目标相结合，注意分解目标，并经常检查目标的实现情况，及时进行自我反馈；其次应当使他们树立正确的成败观，让他们将自己在某件事情上的成功归功于稳定因素，如能力很强或任务相对比较容易等。

3. 培养自信心

自信心是大学生自我控制的一个非常重要的因素，也是大学生学习进步、生活愉快、潜能开发的关键保证。培养大学生的自信心具体可让大学生采取以下措施：通过对过往经历进行回忆，进而找出自己相当突出的表现，以此来对自己已具备的良好素质进行肯定；对自己各个方面的进步、发展和成绩进行及时了解，以此来对自己的能力给予充分肯定；通过回味过往的成功经历，来对成功的愉快心情进行用心体会；进行积极的自我暗示，如对自己说"我能行"；对别人给予的积极评价和态度等进行记录，使自己的注意力集中到自身的优点和成功上，以此来增强自信。

值得注意的是，大学生的自信心应保持一定的度。自信心过强，大学生容易变得自傲自满、目中无人，或者行为鲁莽、不计后果，进而对自身发展与人际关系造成较为不利的影响；自信心不足，大学生个人才能的发挥会受到影响，并且容易导致其他心理问题的产生。

（五）不断地超越自我

超越自我是人生所能达到的一个较为崇高的境界。在超越自我的过程中，我们会明白自己的人生价值，找到自己存在的平衡点。

1. 建立适当的抱负水平

很多时候，大学生对于未来都有着美好的憧憬，在他们的设想里，事业、家庭都是非常成功的，而这种憧憬往往脱离了实际，与大学个人的实际能力不符。那么什么样的抱负水平才是合理的呢？首先，我们对于自己的抱负要有把握；其次，要在有把握的基础上加一点点冒险，给自己一定的挑战，这样一来，在实现抱负的过程中，我们既有控制的能力，也有对自己的挑战，发展机会也会变得更多。此外，我们在制定抱负标准时，不要与他人攀比、竞争，因为每个人的水平、能力是不一样的，如果事事都以他人做标准会使自己生活得很辛苦。

2. 小步子，大飞跃

古人云："不积跬步无以至千里，不积小流无以成江海。"我们可能无法一次就直接达到目标，但可以将目标分解为一天之内可以达到的一个个小目标，每达到一天的目标后，就自我肯定一次。要知道，做一个高尚的人较难，但高尚的开始就是不庸俗，我们每不庸俗一次，就是向高尚前进一步。我们应相信自己的无穷潜力，人的潜力是惊人的，每一位大学生都要相信自己，在任何时候都"不要说不会，要永远说我可以"。

3. 注重陶冶情操，保持积极的情绪

健康的情绪并不单纯地只指正面的、向上的情绪，它还包括适当的紧张和敏感度。因为只有这样，大学生在面对心理问题时才能及时发现。不要在情绪问题产生的时候才能临时抱佛脚找办法解决，而应该在生活中随时注意陶冶情操，经常对心理问题进行排解，时时审视自己。

第四节 大学生自尊心理的提升

一、自尊的基本认知

（一）自尊的概念

每个人都有自尊，它是由自我派生出来的，并且不同的人在自尊的程度方面存在一定差异。这里所说的人在自尊的程度方面存在的差异指的是自尊有高低之分，而高自尊是积极心理学范畴之内的一个特定概念，指的是个体具有的良好自尊。通常来说，具有高自尊的人相信自己在世界中的意义与价值，表现出较为明显的心理幸福和心理健康，能自己指导、管理和监督自己，能坦然接受别人的尊重和期待，能有效应对生活中各种问题和挑战，能在生活中表现出灵活性、恒心和希望，能在工作中表现出创新性、主动性和责任心，能诚实、宽容、有爱心地对待他人。相反，低自尊是一种非良好的自尊状态，易导致抑郁和心理烦恼。有些人认为，在生活中有极高自尊其实是一种自恋，它的背后可能与自卑相联系，因而这里所说的高自尊并不包含极高的自尊。

实际上，自尊就是个体在对自己的技能、能力、人际关系等方面做出评价后产生的一种对待自我的态度。如果仅从自尊的情感成分来看，其包含着归属感和控制感这两种明显的情感感受。归属感属于价值维度范畴，是一个人生活安全的基石。归属感实际上是一种被人爱的感觉，即个体无条件地被他人（更经常是某个团体或组织）喜欢或者尊重的感觉，但这种喜欢或尊重的感觉只取决于这个人是谁，而非取决于这个个体是否有着某些特定的品质或是其他的一些特定原因。控制感属于自我能力感维度范畴，是个体感受到自己能对其他人或其他事物施加某种影响的感觉,但这种影响主要指的是日常生活中的。需要注意的是,不能将控制感与胜任感相混淆。胜任感是一种趋向于成就方面的,而控制感只关注做的过程所产生的感觉,不一定要有很大的成就和超强的能力。

(二)自尊的形成

自尊是以自我认识为前提和基础而形成的,没有自我认识就不会产生自我评价,自然也就没有自尊。而自尊,尤其是高自尊的形成又能极大地促进个体的自我认识。

自尊虽然是在自我认识基础上形成的,但并不一定与自我认识本身呈现同向运动。也就是说,积极的认识并不一定会产生较高的自尊,而消极的认识也不一定总是产生较低的自尊。这是因为一个人虽然能对自己在学习、运动和艺术上高于一般人的技能有着客观性的认识,但很有可能会不喜欢自己或是不满意自己,因而不会产生较高的自尊。同样,一个人可能缺少很多社会常用的客观指标来表明自己具有多么大的价值,但很有可能会喜欢自己,从而产生了较高的自尊。

在这里,还需要明确自尊和自我认识的区别。自尊是个体在对自己各方面的情况进行认识和评价所做出的情绪性反应,可以是某种体验,也可以是某种与内在体验相伴随的外在行为。

而自我认识则是关于自我的观点与信念,是个体对自我的各个方面的一种总的认知,既包括对自己的外表长相、身高、体重、运动技能技巧等身体方面的认识,也包括对自己的名字、爱好、价值观、民族等一般性方面的认识,还包括对自己的性格、情绪、记忆等心理方面的认识。

(三)自尊的性别差异

在通常意义上,性别常被认为是影响自尊的一个重要的社会学变量。但实际上,心理学的研究恰好证明了这一观点的错误,因而自尊受性别的影响实际上是很小的。当然,如果对自尊的某些特定品质进行深入的研究,会发现男女性别之间还是存在着一定的差异的,但这种差异主要反映的是男女在文化原型方面存在的差异。

有研究表明,性别对自尊人格的形成途径有着一定的影响。通常来说,男性偏重于从自己获得的成功中来获得人格建构的材料,而女性侧重于从和自己有着良好关系的人,如从家人、朋友、同学等的看法中来获得人格建构的材料。心理学家斯坦、纽科姆和本特勒,以及心理学家约瑟夫斯等人的研究都证明了这一观点。斯坦、纽科姆和本特勒在其一项为期8年的青少年发展研究中发现,有着成就定向的男性青少年相比没有成就定向的男性有着更高的自尊,但有着成就定向的女性青少年没有这一特点,在自尊的测量上与其他成就定向的女性青少年几乎是完全相同的。同时,他们在研究中发现,有着社交定向的男女性青少年都要比没有社交定向的男女性青少年有着更高的自尊。瑟夫斯等人在研究中发现,当面对同样的外在诘难时,女性偏重于从人际交往与他人的帮助方面寻找原因,而男性偏重于从自身行为的失败上寻找原因。而且他们发现,当让有着较高自尊的男性预测自己的将来时,他们更多的是预测自己将来会具有成就性行为,成为一个成功的人。但当让有着较高自尊的女性预测自己的将来时,她们更多地预测自己将来会成为一个受他人喜欢或是与别人相处友好的人。

性别除了对自尊人格的形成途径有着一定的影响外,还在对自我的感受方面有着一定的影响。通常来说,自我身体形象的感受更容易影响女性的人格发展。当一个女性的容貌被别人评价为不佳时,她就会表现出明显的消沉和沮丧,并产生较低的自尊。而且,大多数女性过分关注自己的身体形象,在身体形象上倾向于不满足,常常持消极态度对待自己身体的某一方面特质,甚至会对一些正常的身体特质耿耿于怀,因而更热衷于减肥、化妆、整容等。而男性的人格发展则受自我身体形象的影响较小,并且男性很多时候甚至会用积极的态度来对待自己的某些身体特征,如肥胖的男人可能会说自己有福相,而矮小的男人可能会说自己是浓缩的精品等。

二、大学生自尊心的提升

作为影响大学生心理健康的重要因素之一,自尊心是十分重要的。如果大学生的自尊心不强,那么不管是在日常的学习与生活中,还是在毕业后的工作与社交中,都有可能遭遇重重困难。因此,在大学生心理健康教育中,教师应采取措施不断提升大学生的自尊心,具体可从以下几方面入手。

(一)以赏识教育帮助大学生摆脱消极自我

受长期应试教育的影响,教师在教育的过程中总是习惯于发现和纠正学生身上的缺陷和不足,从而导致了不少学生都在受教育的过程中遭受过挫败感,容易出现各类对自身的怀疑,并且由于教师在提出问题的频率和方式等因素上的作用,在应试教育模式下,教师和学生之间很容易出现不信任感,师生关系较为紧张,而这些都最终会影响到学生的健康成长。有鉴于此,在新时期的大学生心理健康教育中,教师应以发现学生优点、表扬学生进步的赏识教育替代传统的纠正问题式的教育,通过对大学生学习、生活等方面的赏识来帮助他们摆脱长期形成的消极自我能感。换句话来说,就是对学生进行积极评价,即通过赏识教育加强学生对自身积极因素和潜能的开发,以学生固有的潜能、美德和善举为出发点,用积极的心态看待学生,帮助学生在快乐中学习,在鼓励中进步,在健康状态下成长,从而消除传统教育对学生发展造成的不利影响。

为此,教师和家长要改变将成绩作为评价学生唯一标准的观念和做法,不以成败论英雄,不以某个或某些行为问题否定一个学生,而要学会用赏识的眼光看待每一位学生,针对每位学生的

第二章 大学生自我意识与积极自我的培养

特点,发挥他们的个人优势,帮助他们在力所能及的范围内靠自己的努力取得成功,这样才能使他们逐步找回自尊和自信。

(二)为大学生提供实现自我价值的机会

自尊的实现和提升与大学生是否能实现自我价值有密切联系。一般来说,大学生若能实现自我价值,对自我的认同度就会较高,自尊心也会有相应提升;反之,大学生若一直遭遇失败,无法实现自我价值,就很容易导致自信心下降,自尊心也会受到影响,表现出一定程度的下降。在这种情况下,要提升大学生的自尊心,应注意为大学生提供实现自我价值的机会,即给大学生更多机会,使他们可以通过多种渠道获得学历、能力、素养等多方面的发展,使他们对自己的未来充满希望,一旦他们对自己有了信心,自尊水平就会随之得到提升。

(三)通过归因训练促进心理成长

所谓的归因,实际上就是从结果溯源去寻找原因,即根据有关的信息、行为等对其出现的原因进行分析。大学生自尊心的提升一般是建立在自尊心有待进一步发展的基础上的,而要提升自尊心,必然要分析其自尊心问题出现的原因,这就可以通过归因训练来进行。

社会心理学的研究证明,归因不仅是一种心理过程,而且是人类的一种普遍需要。在心理应激状态下,将突然遭受的重大失败归因于外部不可控因素,在一定程度上能够缓冲压力,起到心理防御的作用。一般而言,无论成功或失败,采用个体内部可控因素(努力)归因是一种比较好的选择。以这种方式归因,成功可以获得自豪感,即使失败也可以看到未来成功的希望。所以,应该在高职生中多做这一类的归因训练。通过这种训练,帮助他们在不断地努力和进步中逐渐提高自尊,促进心理成长。

归因方式不同,产生的效果也不相同。一般情况下,做出可控归因者相信自己能发挥作用,即便遭遇失败也不怀疑未来还有改善的机会。面对困境,他们愿意付出更大努力。做出不可控归因者则看不到个人努力与行为结果之问的积极关系,倾向于以无助、被动的方式面对生活中的困难与失败,从而降低自尊水平。又如,倾向于对失败做稳定性归因的人认为失败是常态,即使成功也只是暂时的。考出好成绩本应高兴、自豪,但是这类人很少有兴奋感和成就感,他们会觉得付出了那么多的努力才考了这个分数,没有什么值得自豪的。好不容易找到一份工作,他们还是高兴不起来,也不会觉得自己有多么了不起,因为别人找的工作比自己还好。说到底,在这种归因方式背后就是自卑心理作祟,觉得自己能力不足,无法胜任难度大的学习或工作任务,随之而来的便是更强的危机感、更大的压力和更深的自卑。因此,教师应结合大学生的自尊心状态,科学选择归因方式,促进大学生心理的发展。

第三章 大学生情绪与积极的情绪体验

个体的情绪对个体的身心健康具有很大的影响,情绪相当于心理健康的一个窗口,一个人的情绪素质会直接影响到其生理和心理的健康。大学生正处于青年中期,其情绪体验十分丰富和深刻,而且充满了不稳定性,所以大学生非常容易受到情绪问题的困扰。这样,帮助大学生进行情绪管理,获得积极的情绪体验就变得尤为重要,这对于实现大学生心理健康的目标是非常有意义的。下面将就大学生情绪与积极的情绪体验进行研究。

第一节 情绪与情绪智力

一、情绪的内涵

(一)情绪的概念

情绪对于人类来说并不陌生,在日常生活中,每一个人都曾体会到不同的情绪:愤怒、悲伤、恐惧、快乐、爱、惊讶、厌恶、羞耻等。不同的人有不同的情绪,同一个人在不同时期、不同情景下也有不同的情绪。

情绪心理学家主要从主观体验、生理唤醒和外部表情这三个方面来考察和定义情绪。主观体验、生理唤醒和外部表情作为情绪的三个组成部分,是缺一不可的。只有三者同时活动,同时存在,才能构成一个完整的情绪体验过程。由此,可以对情绪下这样的定义:"情绪是一种由客观现实与人的需要相互作用而产生的包含主观体验、生理唤醒和外部表情三个成分的心理,以及生理反应的整合性过程。"①

(二)情绪的表现形式

个体将其情绪体验,通过行为活动表露出来,从而显现其心理感受,从而达到与外界沟通的目的。情绪的表现形式主要是面部表情、体态反应、言语变化。

1. 面部表情

面部表情是情绪表现的主要形式。面部表情以面部的肌肉活动和气色变化为主,尤其是眼睛和眉毛的表情最为突出。眉飞色舞、眉开眼笑、眉目传情、喜形于色、目瞪口呆、横眉竖眼、愁眉苦脸等都是指面部的表情表达了不同的情绪状态。表情在情绪活动中具有独特作用,是情绪本身不可分割的一个重要方面,也是传递情绪内在信息的重要途径。例如,有的人遇到伤心、悲痛的事就捶胸顿足、呼天抢地,遇到高兴的事就手舞足蹈,喜色于形。表情与情绪之间的关系如表 3-1 所示。

表 3-1 表情和与之关系最紧密的情绪

表情	可能的情绪	表情	可能的情绪
脸红	羞愧、羞怯	尖叫,出汗	痛苦
身体接触	友爱感	毛发直立	害怕、气愤
紧握拳头	生气	耸肩	顺从
哭泣	悲伤	嘘声	藐视
皱眉	生气、挫折	发抖	害怕、担心
笑	高兴		

2. 体态反应

体态反应就是通过身体不同部位的各种动作代替语言,以表

---

① 耿步健.大学生心理学[M].南京:东南大学出版社,2005:52.

达情绪的身体状态。例如,当一个人昂首挺胸时,通常说明这个人对自己信心十足,其心情昂扬向上,甚至是有些激动。当一个人耷拉着脑袋,走路摇摇晃晃时,通常说明这个人的心情非常糟糕、颓废。当一个人手舞足蹈的时候,通常说明这个人正处于十分欢乐的情绪状态。当一个人捶胸顿足时,通常说明这个人正处于悔恨的情绪状态中。当一个人坐立不安的时候,通常说明这个人正处于烦躁的情绪状态中。可见,身体各部位姿态的变化也是一种情绪表现的形式。

3. 言语变化

言语变化主要是指语言在声调、音色、音量、停顿、节奏、语速等方面的变化。例如,当一个人说话的语调高昂、语速加快、语音错落有变,通常说明这个人的情绪是喜悦的。当一个人说话的语调低沉、语速缓慢,甚至言语哽咽,通常说明这个人正处于悲哀的情绪状态中。当一个人说话的声音颤抖、语无伦次,通常说明这个人正处于恐惧的状态中。有关的研究表明,言语表情所传达的情绪信息远比言语本身的含义更多更复杂。

(三)情绪的功能

情绪是个体与环境、事物之间关系的反映,它具有独特的主观体验和外部表现形式,深刻人的活动。就其功能来说,主要表现在以下几个方面。

1. 适应生存,自我防御

情绪是有机体适应生存和发展的一种重要方式,是动物进化的产物。在低等动物种系中,几乎无情绪可言,有的只是一些具有适应价值的与生理唤醒相适应的行为反应模式,如搏斗、逃跑、哺喂和求偶等。当动物的神经系统发展到皮质阶段时,生理唤醒在脑中产生相应的感觉(感受)状态并留下痕迹,就是最原始的爱、怒、怕等情绪。当特定的行为模式、生理唤醒及相应的感受状态三成分出现后,就具备了情绪的适应性。所以,情绪自产生之日起便成为适应生存的心理工具。

2. 激发心理活动和行为

情绪构成一个基本的动机系统,能够驱使有机体发生反应、从事一定的活动。一般来说,能够有效激活有机体行为的是生理内驱力,而情绪能够放大生理内驱力的信号,从而更强有力地激发行动。例如,人在一定条件下处于缺水或缺氧的状态中,从而产生补充水分、氧气的生理需要。但是这种生理内驱力本身也许还不能够驱使人去行动,如果再加上恐慌感和急迫感等情绪时,内驱力的信号就放大和增强了,最终合并成为驱使人行动的强大动机。值得一提的是,情绪反应比内驱力更为灵活,它不但能根据主客观的需要及时地发生反应,而且可以脱离生理内驱力而独立地起动机作用。例如,无论在什么条件下,愤怒的情绪通常会驱使人产生攻击行为,恐惧情绪则会使人产生退缩行为,厌恶情绪会驱使人产生躲避行为等。情绪的动机功能还可以驱使人的对认识活动,这一点在兴趣中可以得到明显的表现。

3. 组织心理活动

情绪是独立的心理过程,有自己的发生机制和操作规律。情绪心理学家认为,情绪作为脑内的一个检测系统,对其他心理活动具有组织的作用,或者是促进,或者是瓦解。一般说来,正性情绪起协调的、促进的作用;负性情绪起破坏、瓦解或阻断的作用。

良好的情绪可以使大脑的活动效率得到提高,反映到认知操作上,则是速度和质量的提高。著名的耶基斯－多德森定律就说明了情绪与认知操作效率的关系、不同情绪强度与不同难度的操作任务的相关关系,如图3-1所示。

由图3-1可知,不同难度的任务需要不同的情绪唤醒的最佳水平。活动任务越复杂,情绪的最佳唤醒水平就越低。考试焦虑就是一个典型例子。考试压力越大,考生考砸的可能性就越大。一般来说,中等程度的紧张是考试的最佳情绪状态。

图 3-1[①]　耶基斯 – 多德森定律

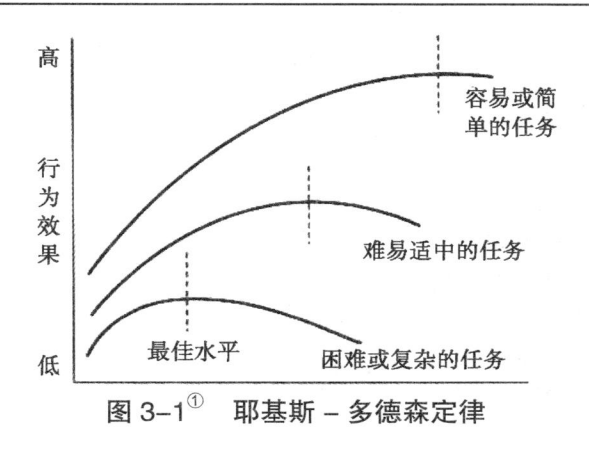

4. 人际交流

情绪和语言一样,可以传达某种信息,因此也就具有服务于人际交流的功能。心理学研究证明,人与之间的交流不单靠语言,情绪的流露也可以传达人的思想和意图。情绪的通信手段是非语言的,其信息传达的方式主要是面部肌肉运动、声调和身体姿态变化所构成的表情。其中,面部表情是最重要的情绪信息媒介。心理学家曾就英语国家人们的交往状况进行研究,结果发现,在日常生活中,人与人的信息传递有 55% 是靠非言语表情来完成的。表情是比言语产生更早的心理现象,在婴儿不会说话之前,主要是靠表情来与他人进行交流的。在许多情景中,表情能使言语交流所造成的不确定性和模棱两可的情况明确起来,成为人的态度、感受的最好注解;而在另一些场合,人的思想或愿望不宜言传,也能够通过表情来传递信息。在电影业发展早期,无声电影正是通过演员的各种表情动作来向观众传递信息的。即使在今天的影视作品里,演员还经常用情绪的表露代替了语言的表达,以取得"此时无声胜有声"的效果。

---

① 沈德立.基于脑科学的教与学效能研究[M].北京:教育科学出版社,2013:489.

二、情绪智力

（一）情绪智力的概念

情绪智力的概念是由美国心理学家彼得·沙洛维、迪巴洛和约翰·梅耶于 1990 年提出的。他们认为情绪智力是指感受和表现情绪、促进情绪思考、理解和分析情绪以及调节个人和他人情绪的能力。

目前流传最广泛的情绪智力模型，是心理学家丹尼尔·戈尔曼的情绪智力胜任特征模型。这个模型将情绪智力划分为四个维度，分别代表自己和他人的情绪识别，以及对情绪的控制，每个维度包含一系列情绪智力问题。

1. 自我意识

自我意识即对自己的价值观、情绪、动机、优缺点的深层理解。自我意识强的人，知道什么是对他们有利的，有效地了解自己的直觉和本能。

2. 自我管理

自我管理即我们在多大程度上控制和改变我们的内在状态和资源，它包括控制冲动、表现出诚实和正直、保持有效执行并抓住机会的动力，甚至在失败后保持乐观。

3. 社会意识

社会意识即对感情、想法和其他人的情形敏感并理解。这包括认知他人的环境，即换位思考，也包括真实地感受他人的感情，即情绪同感。

4. 关系管理

戈尔曼把关系管理和很多与绩效相关的概念联系在一起，包括影响他人的信念和感情、开发他人的能力、管理变革、解决冲突、培养关系、支持团队工作与合作,这些对沟通能力和其他与社会交往相关的能力都提出了比较高的要求。

这四个维度并不是相互独立的,许多学者认为,这些维度之间存在着层级关系。关系管理处于最高层次,因为它需要其他三个维度作为支撑,自我意识处于最低层次,因为它不需要其他维度的支撑,相反,它是其他三个维度的先决条件。研究表明,情绪智力高的人能更好地处理人际关系,在需要情绪劳动的工作中表现得更卓越,他们通常是优秀的领导者;员工拥有高情绪智力的团队能从一开始就比员工拥有低情绪智力的团队表现得更加优秀,但是无须社交接触工作的绩效与情绪智力的高低几乎没有关系。

（二）情绪智力的测量

在情绪智力的测量中我们通常使用情商来衡量被试的情绪智力分数的高低。目前使用的情绪智力测量表主要有以下三种。

1. EQ-I 量表

巴昂在1997年编制出版了世界上第一个测量情商的标准化量表(EQ-I)。该量表由33个项目组成,五个维度对应开个成分量表,量表采用自陈法,以5点计分。该量表被多项心理研究采用作为测量情商的工具。

2. 多因素情绪智力量表

多因素情绪智力量表是测量情商的另一种量表。该量表是梅耶和他的伙伴在1998年编制完成的。该量表是能力测验,与EQ-I不同的是,它并不采用自陈法进行测验,它要求测验者完成一系列任务,将专家打分作为评判标准,以测量测验者各维度的情绪能力。该量表具有良好的结构效度和区分效度。

3. 情绪能力调查表

情绪能力调查表由博亚兹和戈尔曼编制。该量表从360度评价20多个和戈尔曼的情商模型相一致的情绪能力因素,包括11项能够反映情商适应趋势的问题,每个问题描述个人与工作相关的行为。该量表使用7点量表法。

(三)情绪智力的内容

1. 认识自己情绪的能力

情绪能力高的人能够知道自己的感受,如他们很快就能意识到自己在生气、嫉妒或内疚、抑郁等。这是很有价值的,因为很多有着糟糕情绪的人无法理解为什么他们会这么不舒服。那些有着高自我意识的人能够对自己的感受很敏感。

2. 调控自己情绪的能力

这种能力指的是调整自己情绪的能力,可以通过多种途径有效摆脱焦虑、沮丧、愤怒、烦恼等情绪困扰,不使自己陷入情绪低潮中。比如,当你生气时你知道如何冷静下来,并指导如何让他人冷静下来。情绪智力高的人能够根据环境控制自己的情绪。

3. 认知他人情绪的能力

这种能力能够对他人的情绪感受真切的体验,善解人意,感同身受。能够敏锐地感受到他人的需要和情绪,能够体会到他人的情感,并且能够保持理性,客观地理解、分析他人的情感。他们善于"读懂"面部表情,声音语调和其他情绪特征。

4. 使用情绪的能力

情绪智力还包括运用情绪促进个人成长和与他人的关系,如你会知道帮助别人能给你带来快乐。同样,当好运来临,情绪智力高的人懂得与他人分享。总体说来,这么做能增强人际关系并增进情绪健康。

5. 自我激励能力

这是一种能将精力专注于某项目标上,为达成目标而调动、指挥情绪的能力。任何方面的成功都必须有情绪的自我控制、延迟满足、控制冲动、统揽全局。拥有这种能力的人能够集中注意力、自我把握、发挥创造力、积极热情地投入工作。

第二节　大学生情绪的特点

一、大学生情绪的一般特征

大学生正处于身心的迅速发展时期,科学知识、交往范围、生活领域的扩大,促使其产生了大量的新需要,激发广大学生丰富而高涨的情感。具体而言,大学生的情绪具有以下特征。

（一）大学生情绪的波动性

尽管大学生的认知水平有了一定的提高,对自己的情绪有了一定的控制能力,但同成年人相比,由于自我认知、生涯发展及心理发展还未成熟等原因,大学生的情绪反应比较强烈,波动、起伏较大。

大学生在对外部刺激反应迅速敏锐,喜怒哀乐都表现得比较充分,高兴起来手舞足蹈,消沉起来无精打采,气愤起来暴跳如雷。美国心理学家霍尔认为青年期处于"蒙昧时代"向"文明时代"演化的过滤期,其特点是动摇的、起伏的,他把这一时期称为"狂风暴雨"时期。有人对大学生进行调查,发现70%的人情绪都是经常两极波动的,也就是系"波动曲线一样,忽高忽低,忽愉快忽愁闷"。他们往往对符合自己信念、观点和理想的事件或行为迅速发生热烈的情绪；对于不符合自己信念、观点和理想的事件或行为,则迅速出现否定情绪。在一些大学校园中的打架、斗殴,甚至伤害、杀人事件等,往往是因为对一些小事的处理不够冷静,进而发展到激怒,导致意外的事情发生。

随着大学生自我意识的发展,社会活动范围的不断扩大,外界事物与心理需要的矛盾,也会导致强烈的情绪反应。特别是在当下的社会转型过程中,体制的变革、新旧价值观的更替、种种复杂的社会现象更容易使大学生产生困惑和迷茫,造成情绪的困扰与波动。

大学生还容易情绪化,如一件事情引起的情绪反应,可以持续较长时间,被人们形象地称为是"拉长了的情绪"。它使人的语言和行为都染上某种特定的情绪色彩。

大学生情绪波动性的特征往往使大学生的情绪显得不稳定、不成熟。这种不成熟、不稳定与大学生心理发展水平是相适应的,因而是正常的。另一方面,这种波动性的状况也影响了大学生的心理健康。

（二）大学生情绪的内隐性

少年儿童的面部表情是其内心世界的显示器,而进入青年期的大学生,他们的外貌和内心体验则常常是不一致的,表现出很大的内隐性。例如,内心喜欢谁,但并不表现出来。在他们身上孩子似的坦率变得越来越少了,变得不轻易打开自己的心扉,也不愿意让别人察觉到自己内心的喜怒哀乐。于是在人际交往时,就尽量把自己的心灵关闭起来,在对异性方面,他们的这个特点表现得尤为突出。一旦他们对同学中的异性产生爱慕之情,内心渴望与之接近的情绪就会非常强烈,但是由于自尊心和各种客观因素的限制,他们却常常故意表现得无动于衷,平静自若,甚至采取回避、疏远的态度。

大学生情绪的内隐性是他们自我控制能力和社会适应能力增强的结果,但也为了解大学生的真实思想带来了一定的困难。

（三）大学生情绪的心境化

大学生的情绪很少再有儿童时期那样,随着产生情绪的事物的消失而烟消云散,而是更多的以心境状态出现,即以一种比较持久、平稳、微弱的心理状态出现。这时,一件事引起的情绪反应,可以久久地留在心头,虽已时过境迁,但这种深刻的情绪体验一时很难消退。例如,有的大学生一次考试意外得到了好分数或一次试验成功,所引起的愉快心情往往影响其他活动,甚至觉得天下无难事,显得兴高采烈、心旷神怡;相反,一旦遇到挫折,就会产生忧愁的心境,干什么事都提不起劲儿,可能几天都不理人,闷闷不乐,观花"花溅泪",闻鸟"鸟惊心"。

某种情绪引起后,适当地保持并逐渐恢复平静是正常的,但有些大学生的消极情绪过于持久,甚至是无限延长,这是不成熟的表现,而且对健康有着严重影响,某些大学生的自杀行为也与这种情绪状态有关。

(四)大学生情感体验的层次性和差异性

大学生的情感体验在不同年龄(年级)上存在差异。一方面,随着年龄增长、年级升高,自我意识在不断成熟,社会适应能力逐渐增强,认知能力日趋提高,社会性的情感日趋丰富,表现出对社会、对人生理想、对他人及其相互关系的关心,从而使情感的稳定性增加,冲动性和波动性减少。另一方面,不同的个体在情感发展上仍存在一定的差异,男女的情感体验也各有自己的特点。

一年级的新生对一切充满了美好的幻想,对各种知识领域有广泛的兴趣,要求更多的个人自由和牢固的友谊,特别需要坦诚和信任。但是,他们对自我的认识不全面,有时表现得过于自信,有时表现得过于自负,情绪、情感处于不稳定的阶段。

二、三年级的大学生对大学生活的各方面有了进一步的适应,情感相对稳定,既没有大一学生的激动、兴奋、好奇、不安,也没有大四学生面临就业的紧张和忧虑。他们积极参加各种集体活动,希望在活动中表现自己和发掘自己的潜能,并赢得周围同学的关注和欣赏。此时的他们已经脱离了幼稚和盲目,学会安排和处理各种关系,处于安定期。

进入四年级,由于面临着人生的重要转折,他们渐渐脱离了大学的集体活动,考研、实习、找工作,都在各自为自己的前途奔波。而且,此时他们面临多种抉择,情绪呈现出矛盾性和复杂性,这是一个非常动荡的时期。

二、大学生健康情绪的特征

具体来说,大学生健康的情绪应具有下述的基本特征。

(一)热爱学习和生活

人生来就有对新的环境进行定向探究的倾向,这是人的求知欲产生的生物学基础。社会生活中生存与发展的需要更促使人去探索新事物,获得新的知识和经验,从而形成了人的求知渴望和获得新知识的兴趣。

大学生的主要任务是学习。一个心理健康的大学生必须热爱学习,努力对事物进行探究以获得新知识,努力掌握新的科学技术以解决现实生活中的新问题。如果学生都不爱学习,厌倦学习,或者只是热衷于某些消极而无益的活动,如沉溺于玩牌、酗酒或获得性体验等,显然是情绪不健康的表现。

热爱生活就要关心社会生活的变化,关心国家大事和世界大事,对生活有强烈的兴趣,并能不断从生活中获得新的乐趣。热爱生活,不仅表现为关心社会生活,还表现为积极参与社会生活,乐于参加一些重大的政治、文化和娱乐活动,并努力克服生活中的困难与挫折,不折不挠地追求实现美好的生活目标,在奋斗中体验到快乐。如果一个大学生感到生活空虚、无聊、没有意义而产生厌倦,或者无所事事,得过且过,这同样是情绪不健康的表现。

(二)悦纳他人和自己

悦纳他人就是能正确理解人与人之间的关系,认识别人的优点和长处;能理解别人的情感,并乐于同别人交往;对别人的缺点和弱点持宽容的态度,能同情别人的痛苦,并积极帮助别人解除痛苦。

如果一个大学生总是看不惯别人取得的成绩,总是容不得别人的缺点和错误,对别人不是百般挑剔,就是看不顺眼;对长辈强调"代沟",视长辈为"老传统""老脑筋",不愿亲近;对同辈则强调个性差异,不愿沟通和接纳,骄傲自大,孤芳自赏,产生孤独的体验,这也是情绪不健康的表现。

悦纳自己,即从总体上对自己持肯定接纳的态度。虽然知道自己在外貌或个性上有某些不足之处,但认为自己的优点和长处是主要的,因而是自我认可、自我接纳的。

是否能悦纳自己,同自我评价有关。根据有关研究表明,一个人理想自我与现实自我越接近,相关系数越高,则自我接纳的程度越高。如果一个大学生怀有严重的自卑感或负罪感、自惭形秽或自我厌恶,他就难以自我悦纳。这常常是引起抑郁症的重要原因。

(三)保持乐观而稳定的心境

大学生能适应环境的变化与外界事物的影响而保持乐观稳定的心境,这是情绪健康的重要特征。但是,保持乐观而稳定的心境既有赖于长期教育的培养,也有赖于个体有意识的调节与控制。因此,大学生应学会在悲痛时自我缓解,忧愁时自我劝解,焦虑时自我宽慰,愤怒时自我疏导与控制。

青年期的大学生无疑是情绪容易激动的时期,而且容易由此产生过激的行为。随着年龄的增长、认识的成熟和自我意识的发展,他们对情绪进行自我调节与控制的能力增强,激动与冲动就会减少,情绪就趋于稳定。如果一个大学生像中学生那样,易受外在环境的影响而产生兴奋、激动,情绪很不稳定,缺乏自我调节和控制情绪的能力,那就说明他的情绪尚不成熟,而且也不太健康。

第三节 大学生常见的情绪困扰

一、大学生情绪困扰出现的原因

（一）客观因素

1. 社会环境

随着我国高等教育从"精英教育"阶段进入"大众化教育"阶段，大学生的就业政策也由"统包统分"转变为"双向选择"和"自主择业"。这使大学生在就业方面有了更广泛的选择空间和自主选择的权利，但对大学生就业也提出了新的、更高的要求，从而给许多大学生造成了严重的心理压力。一些即将毕业的学生因为在毕业就业方面遇到了困难和挫折，也会产生悲观、烦躁心理，并在情绪上形成一种自我矛盾、妒忌、焦虑的状态。

2. 学校环境

随着我国高校教育体制改革的深入，高校为了适应市场的需要，提高自身办学水平、培养优秀人才，对学生的学习、综合素质等方面也就提出了更高的要求，并制定了完善的考核标准。在大学期间，学生要参加课程考试、评选先进、评奖学金、交友、毕业分配、报考研究生和公务员等。这些学习和生活事件常常意味着激烈的竞争和心理压力，如果学生不能正确对待和处理，稍有松懈就会在竞争中失利，亦容易引起情绪障碍。另外，由于目前高校改革不断深化，招生不断扩大，由此带来了高校办学的一系列变化，教育产业化实行的上学交费制度、考试淘汰机制及择业制度的变更、完善，无不影响着每一个大学生，影响着大学生的情绪。

大学新生对大学新环境还有各种不适应的问题，从而导致情绪问题的产生。几乎所有的大学新生在学习、生活方式等方面，都有一个由原来依赖、被动的学习生活方式向独立、自主的学习生活方式的转变过程，在学习和生活方面的不适也很容易引起孤独感和紧张感，这种不良的情绪体验往往会持续较长时间并由此形成情绪障碍。

3. 家庭因素

家庭是人才成长的启蒙学校，家庭经济状况，家长教育态度、内容与方式，家庭成员之间的亲疏关系，学生情绪、情感水平的培养起着非常重要的影响。当前，生活节奏的加快、社会的转型，对家庭的冲击较大，单亲家庭、破裂家庭等问题家庭增多，越来越深刻地影响着大学生的情绪。

（二）主观因素

外在的环境刺激对大学生情绪问题的产生影响固然深刻，但大学生的情绪变化还取决于大学生自身。影响大学生情绪问题产生的主观因素主要表现为以下几方面。

1. 不能正确地评价自我

每位大学生在过去都曾经是一位尖子，是周围人眼中的佼佼者。但是，大学校园是群英荟萃、人才济济的地方，这样的变化常常会使一部分学生感到失落，并逐渐产生自卑感。一味沉溺于过去，不愿正视现实，遇到困难挫折时很容易产生自卑的情绪。相反，习惯于过高地估价自己，也很容易滋生骄傲自满的情绪，一旦遇到挫折，就会一蹶不振、自暴自弃。因此，每个大学生都需要重新认识自我，摆正位置，寻找新的起点。

2. 期望值偏高与现实状况的反差

处在"青春少年"的大学生一般比较自信，对自己的前途和未来怀有美好的向往，成就动机很强，自我期望值很高。但现实状况不尽如人意，如果缺乏对现实状况的合理认识和分析，便很容易产生自卑、自责、自闭、沮丧等不良情绪。

3. 情感需要得不到满足

由于大学生正处于青春期,生理发育已趋于成熟,心理也经历着急剧的变化,因此他们对情感的渴求尤为强烈。然而,他们这种正常的情感需求往往不易得到充分、全面的满足,从而影响了情绪健康发展。

4. 重要丧失

大学期间的重要丧失也会对大学生的情绪产生重大影响。第一,与大学生活有关的重要丧失,如考试失利、学业失败、考研失利等。第二,与大学生自我发展有关的荣誉的丧失,如入党、评优失利等。第三,情感方面的重要丧失,如失恋、好友失和等。第四,亲人去世、家庭发生重大变故等,都对大学生的情绪构成影响。尤其是负性生活事件对大学生不良情绪的滋长与蔓延起着不容忽视的作用。如果不及时调整,容易引发情绪问题。

二、大学生情绪困扰的具体表现

(一)心境恶劣或情绪不稳定

心境恶劣是大学生中较常见的情绪障碍,它指的是恶劣、悲哀的心境。心境恶劣的典型表现为一个大学生在较长的一段时间里(几天或几周)心情不好,闷闷不乐,看什么都不顺眼,即使做平时十分喜欢的事也打不起精神。此时如果有一些小事不称心,更会导致心情抑郁。为什么闷闷不乐自己又说不上是什么原因。如果一个大学生发现自己处于心境恶劣状态,应首先寻找原因:是否自己的需要、兴趣得不到满足;是否自己健康状况不佳;是否周围自然环境和社会环境不如意。如果是需要、兴趣爱好未得到满足,如失恋、考试不及格,则可以设法创造条件去满足它;如果确实没有条件满足,则要尽快改变自己的需要和兴趣。

第三章　大学生情绪与积极的情绪体验

情绪不稳定是指在外界轻微的刺激影响下,甚至没有明显外界因素刺激时,人的情绪易产生波动,变化不定。发现情绪不稳,首先要检查自己的个性特征,看是否从小到大都有此倾向,一般胆汁质、抑郁质的人大多有此表现。如果由于性格问题,应注意逐渐改变不良性格,注意在学习、生活中磨练自己的性格和意志,学会客观地看待事物,稳定自己的情绪。

（二）自卑

自卑是由过多的自我否定而产生的自惭形秽的体验。有自卑感的人轻视自己,过分看重自身短处,否定自己的长处或对自身长处没有足够的认识,因而常表现出胆怯、畏惧、怀疑、担心被人嫌弃和拒绝,行为中采取逃避方式。

大学生的自卑心理主要表现在以下几个方面。其一,在诸多竞争活动中退缩,甚至明明能成功也放弃机会;遇事害羞、胆怯、不自信,感到焦虑,害怕失败,甚至还有某些生理症状,如失眠、盗汗、心悸等。其二,不承认自己的不足并竭力掩饰,以使他人觉察不到自己的自卑,为此常常夸张自己的作为,故作炫耀,总想一鸣惊人;有时还表现出较强的虚荣心,对自己的不足和别人的评价很敏感,这一切都是为了掩饰自卑并由此而获得一种补偿。

（三）抑郁

抑郁是大学生中常见的情绪问题。这是不少大学生在遇到学习成绩落后、失恋、生活受挫、家庭出现意外事件等刺激后,心理上无力承受由此带来的压力而出现的情绪反应。

抑郁在行为上表现为丧失学习和工作的兴趣及动力,反应迟钝,无精打采,拒绝交际,回避朋友,并伴随着食欲减退、失眠等不良反应。一般来说,处于抑郁状态的人如能对其自身遭遇做恰当的分析与认识,对自身行为的控制与调节符合社会常规,并有一定的自信与自尊,虽有抑郁体验但无异常行为,即属于正常情绪反应。大多数学生都多少有过这种消极情绪,但体验的时间比较短暂,随着时过境迁也就消失了。但其中也有少数性格内向、孤僻、自尊心强、怀疑心重、承受挫折能力低的学生容易长期处于抑郁状态,导致抑郁性精神症的出现。如果抑郁状态使人对自身处境不能做出如实判断,并产生偏离社会常规行为,如由于过度压力感而情绪低落或绝望,失去兴趣和责任感而不能正常工作,甚至产生回避社会和企图自杀等极端意念和行为,则均属情绪异常。

(四)焦虑

焦虑是一种情绪反应,是个体对当前或预感到的挫折产生的一种紧张、忧虑、不安而兼有恐惧性的消极的情绪状态,它包括自尊心与自信心的丧失、失败感与内疚感的增加等。焦虑也是复合性负情绪,其核心成分是恐惧。当焦虑状态严重和持续存在时就可能导致神经性焦虑的病理状态。经常感受焦虑者可能养成一种焦虑特质,其特点为脆弱性格。

大学生常见的焦虑有自我形象焦虑、学习焦虑、情感焦虑、就业焦虑。自我形象焦虑是担心自己不够漂亮、没有吸引力,体态过胖或矮小等,这类焦虑主要与自我认知有关。与学习有关的焦虑有学习焦虑、考试焦虑。情感焦虑多数由于恋爱受挫而引发自我否定,认为自己不具备爱人与被爱的能力,因而过度担心引起焦虑。就业焦虑,即由于过度地担忧自己未来的职业选择和就业前景而坐卧不安、心烦意乱。

(五)冷漠

冷漠是指人对外界刺激漠不关心、冷淡、退让,对生活中的悲欢离合都无动于衷的消极情绪体验。例如,有的大学生对周围的人和事漠不关心,对集体和同学态度冷淡,对自己的前途命运、国家大事等漠然置之。这种冷漠的情绪状态往往是个体对挫折环境和自我逃避式的退缩性心理反应,它带有一定的自我保护或

第三章 大学生情绪与积极的情绪体验

自我防御的性质。但总体来说,冷漠多是压抑内心情感情绪的一种消极逃避反应,它会带来责任感的下降、生活意义的缺失与自我价值的放弃。具有这种情绪的人从表面上看虽然表现为平静、冷漠,但内心往往有强烈的痛苦、孤寂和压抑感。如果大学生长时间处于这种情绪状态,就会使心理平衡遭到破坏,影响身心健康。冷漠的形成多数与人生重大生活事件与重要丧失有关,也与个体的生活经历有关。克服冷漠最根本的是改变认知,发现生活的意义,发现自我的价值,改变长此以往形成的对人生消极的看法。

(六) 嫉妒

嫉妒是指他人在某些方面胜过自己引起的不快甚至是痛苦的情绪体验。嫉妒是一种情绪障碍,它扭曲人的心灵,妨碍人与人之间正常真诚地交往。

嫉妒既有积极的一面,也有消极的一面,有的人能够利用嫉妒转化为积极的行为动力,而有的人则不能把握这种情绪,使之转向消极的一面,产生痛苦、忧伤的体验和行为。

嫉妒是大学生中普遍存在的不良情绪,嫉妒在大学生中有以下几种表现形式:嫉妒别人在政治、思想上的进步;嫉妒别人学习上的冒尖;嫉妒别人某一方面的专长;嫉妒别人生活上的优裕;嫉妒别人社交上的活跃;嫉妒别人仪表上的出众;嫉妒别人恋爱上的成功。

不良的个性因素是产生嫉妒的重要原因。虚荣心过强、自私狭隘、斤斤计较等不良的性格特征都会妨碍心理平衡,导致嫉妒的产生。另外,大学生在自我认识上的偏差,如认为在各个方面都要比别人强才是成功者,也是产生嫉妒的一个重要因素。

三、大学生情绪困扰的应对策略

（一）进行积极的自我暗示

自我暗示,从心理学角度讲,就是个人通过语言、形象、想象等方式,对自身施加影响的心理过程。自我暗示分消极自我暗示与积极自我暗示。积极自我暗示可以令人保持好的心情、乐观的情绪、自信心,从而调动人的内在因素,发挥主观能动性。而消极的自我暗示会强化人个性中的弱点,唤醒人潜藏在心灵深处的自卑、怯懦、嫉妒等,从而影响情绪。美国新奥尔良的奥施德纳诊所做过统计,在连续求诊而入院的病人中,因情绪不好而致病者占76%。在自我暗示的强大作用下,人们的行为、心理乃至生理,都会不自觉地朝向自我暗示所指示的方向活动、发展。也正因为如此,坚持进行积极自我暗示的训练,具有极为深远的意义。

要有积极的自我暗示,一般可从以下几个方面去努力：第一,时常以赞赏的眼光看待自己;第二,自我安慰,避免过分的自责;第三,不患得患失,始终朝着一个明确的目标努力;第四,学会忘记过去的失败。

自我暗示既可以大声地说出来,也可以默不作声地进行,还可以通过在纸上写下来的方式影响自己,也可以吟诵或者歌唱,甚至在心中默念也能够达到预期的效果。

（二）适度宣泄

适度宣泄则可以把不良情绪释放出来,从而使紧张情绪得以缓解。因此,遇到不良情绪时,最简单的办法就是"宣泄"。情绪宣泄的途径主要有以下几种。

1. 倾诉

倾诉不仅能使听者真正理解一个人,对于倾诉者来说,也有

第三章 大学生情绪与积极的情绪体验

奇特的效果,心理上会出现一系列的变化。他会感觉到他终于被人理解了,内心有一种欣慰之感,进而使压抑感得到缓解,心理上似乎感到一种解脱,还会产生某种感激之情,愿意谈出更多心里话,这便是转变的开始。可以说,倾诉是最佳的宣泄法,大学生遇到情绪问题,可以一个值得信赖的人(父母、老师、朋友等)将心中的想法、内心的苦恼甚至是难以启齿的秘密统统讲出来。倾诉可解脱心灵的重压,排遣不良情绪,从中获得轻松感和解脱感,使心理得到平衡。

2. 哭泣

人在痛苦时都会有想哭的感情冲动,这其实是正常的情绪反应。但一些人碍于面子往往压抑自己,强忍着不哭出来。其实这种强忍着不哭出来的做法,会给身体带来不良的影响。从医学角度讲,强忍泪水,只会加重抑郁,容易憋出病来。而自然地哭出来,对身体有很多好处。人体排出眼泪,可以把体内积蓄的导致忧郁的化学物质清除掉,从而减轻心理压力,保持心情舒畅。眼泪可以缓解人的压抑感。人遇到悲伤的事情时,如果能放声痛哭一场,流泪后的心情往往会好受许多,这是悲伤引起的毒素通过眼泪已得到排泄的缘故。当然,也不能过度哭泣,否则就会扰乱人体的生理功能,使呼吸、心跳失去规律。

3. 以静制动

如果人的心情不好,产生不良情绪体验时,内心都十分激动、烦躁,坐立不安。此时,可默默地打打球、散散步,这种看似与排除不良情绪无关的行为恰恰是一种以静制动的独特的宣泄方式,它是以清静雅致的态度平息心头的怒气,从而排解沉重的压抑。

4. 升华

升华是对消极情绪的一种高水平的宣泄,是将消极情感引导到对人、对己、对社会都有利的方向去。例如,某同学因失恋而痛苦万分,但他没有因此而消沉,而是把注意力转移到学习中,立志做生活的强者,证明自己的能力;或者去帮助他人,给他人快乐的同时也给自己快乐。被世人称为"歌曲之王"的舒伯特曾爱过一个姑娘,因自己的穷愁潦倒,姑娘嫁给了一个糖果店商人。这使他极度痛苦、沮丧,几乎失去了创作和生活的勇气。但舒伯特很快跳出情绪的低谷,他把爱情的泯灭和人生的坎坷化为执着创作的动力,在激动、亢奋的心境中引来涌动的思潮、闪耀的灵感,每一乐章如潺潺流水,在倾诉他的哀愁,又似滚滚浪潮,喷吐他内心的凄楚。

(三)转移注意力

注意力转移法就是把注意力从引起不良情绪反应的刺激情境转移到其他事物上去或从事其他活动的自我调节方法。现代医学的实践表明,注意力是由于客观事物的影响,导致大脑皮层的有关区域产生了兴奋中心,对相应的客观事物进行更清楚的反映。事实上,当人的注意力高度集中时,与之无关的运动则会受到抑制,甚至连呼吸肌的运动也会暂停。按照俄国生理学家巴甫洛夫的条件反射学说,引起新的兴奋中心可以抵消或冲淡原来的兴奋中心。在日常生活中,有许多困扰着我们的大小不同的烦恼,它们之所以成为烦恼,就是因为我们太注意它们了。我们越是关注什么,它在我们的头脑中就会越清晰。你把注意力几种在沉重的负担上,就会觉得不堪重负;而你把注意力集中在轻松愉快的事情上,你就会变得轻松愉快。

因此,大学生苦恼、烦闷时,去听听音乐、看看喜剧片,或者找朋友聊聊天,换换环境等;外出旅游登高往下看而心发慌时,就将视线投向远方;如果要对某一个人发火,就尽力想想这个人平时对你的种种好处。这些方法如果运用恰当,都能起到转移注意力、稳定情绪的作用。另外,采取行动也是转移注意、排解烦恼的一种有效的心理疗法。

四、网络平台折射出的大学生负面情绪调查及分析

现实生活中,很多人会因为种种原因不能随意地表露和宣泄自己的情绪,而网络所具有的虚拟性、匿名性和便捷性等特点,会使很多大学生选择在虚拟的网络世界里畅快淋漓地表情达意,宣泄不良情绪。学者李婷婷、杨素祯通过收集和调查大学生通过网络平台表达的负面情绪的信息,以进一步了解大学生通过网络宣泄和表达负面情绪的状况,探讨引导大学生走出负面情绪的有效对策。

(一)网络平台折射出的大学生负面情绪调查

学者李婷婷、杨素祯抽取了其自己所在学校的 500 名大学生作为调查对象,统计了他们在网络上发布的情绪信息 5 000 余条,其中出现的负面情绪达 3 630 条,占到 72.6%。具体负面情绪比例及原因分析如表 3-2 所示。

表 3-2 网络平台折射出的大学生负面情绪调查分析[1]

负面情绪	条数	百分比	原因分析
孤独	370	10.2%	刚来学校离开家庭感到陌生孤独;人际关系紧张感到孤独;学生活中遇到困难以适应的孤独感;恋爱中失恋和单相思的孤独感
焦虑	660	18.2%	学习压力的焦虑;考试挂科的焦虑;生活环境难以适应的焦虑;人际关系处理不当的焦虑;感情挫折的焦虑
不满	1 010	27.8%	对老师上课方式及教学能力的不满;对学校生活环境的不满;对自身条件不够优秀的不满;对学校管理制度的不满;对当下社会诸多事件的不满
茫然	520	14.3%	对上课效率低的茫然;对上大学将来出路的茫然;对未来生活的茫然;如何处理好人际关系的茫然
失落	1 070	29.5%	对自己不够优秀的失落;对学习成绩不理想的失落;融入不了新环境的失落;不被爱的失落;梦想与现实矛盾的失落

---

[1] 李婷婷,杨素祯.网络平台折射出的大学生负面情绪调查及研究[J].山西大同大学学报,2017(6):110-112.

（二）原因分析

1. 学习压力

调查显示，因为学习压力产生负面情绪的网络痕迹主要体现在专业课比较难懂，不知如何去学习，对自身学习能力不足，考试紧张担心挂科，对老师讲课方式感到不满以及课堂学习效率不高，对就业未来前景的茫然与焦虑等方面。

2. 生活压力

因为生活压力产生负面情绪的网络痕迹主要体现在离开家庭在校的孤单，对学校生活环境的不满意，生活中对手机过于依赖的焦虑，对自己生活能力的不满意，生活费不合理使用导致的经济拮据等方面。

3. 人际关系及情感压力

因为人际关系及情感压力产生负面情绪的网络痕迹主要体现在以下几方面：宿舍关系不和谐的紧张和焦虑，人际关系紧张无人倾诉的孤独，如何与同学老师处理好关系的茫然，不被周围人欣赏的困惑，融入不了新环境的失落，失恋的痛苦和焦虑，暗恋对方，自身不够优秀的自卑，等等。

（三）引导措施

目前，引起大学生负面情绪和各种心理问题的原因多种多样，既有外在环境的综合影响，又有内在的引发因素。要对大学生负面情绪进行引导和控制也需要从内外两方面入手。一方面，加强大学生认识情绪和管理情绪的能力，对于出现的消极情绪要给予及时引导，以避免心理障碍的产生。另一方面，创造良好的外部环境，避免消极情绪的产生，促进积极情绪的发展，要对学生进行有效的引导和良好的控制，关键在于注重大学生心理内、外部环境的相互作用和有效调控。

第三章　大学生情绪与积极的情绪体验

1. 注重大学生自身情绪管理能力的培养和提高

情绪管理能力是一个人对自己情绪的自我认识、自我控制、自我区分等能力和对他人情绪认识与适度的反应能力。大学生正处于心理发展由易感性向稳定性过渡的时期,情绪中的两极性突出。提高大学生自身对情绪管理的认知水平,培养大学生健全的人格特征,有效增强大学生自身承受挫折和处理心理问题的能力是大学生情绪管理能力培养的主要目标。

首先要培养大学生的情绪认知能力。美国心理学家沙赫特等人认为认知因素是决定情绪的关键因素。要教育大学生有意识地去分析自己不良情绪产生的动因,学会在纵向不同时期的自我比较中分析自己、认识自己,在横向与他人比较中反省自己,学习别人的优点,不断归纳总结,达到自我教育的目的。

其次要培养大学生合理表达情绪。在不同的情境中能选择适宜的情绪表达方式,能有效处理自己的情绪转变问题。在认识和观察自我情绪的同时学会识别他人的情绪,能设身处地站在别人的立场看待问题。

最后要合理宣泄情绪。掌握情绪疏导的有效方法,如倾诉、宣泄、运动、积极的自我暗示等。及时转移和分散注意力,释放负面情绪,消减负面情绪带来的困扰,从而缓解心理压力,恢复情绪。

2. 学校积极进行校园管理,为大学生提供较为宽松的外部环境

学校、家庭、社会等各个方面都会影响大学生的心里健康及情绪波动。从学校角度讲,除了要注重日常的教育之外,还需要从多层面、多方面、多角度出发,促进学生心理素养的不断提高。

首先要进一步加强校园文化建设。积极健康的校园文化属于大学生良好情绪的外部调节范围,不仅是大学生心理素养的支持型外部环境,也是一种潜在的心理教育力量。高校应充分利用校园广播、校报、校园网络等宣传媒介,营造出一种催人向上的良好宽松的氛围,加强校园文化的导向作用和凝聚作用。

其次要完善和扩大贫困助学体系。积极鼓励贫困生"勤工俭学",扩大助学贷款来源及资助范围。大学生是一个庞大的消费群体,虽然没有自主经济来源,但他们更愿意追随潮流、追求时髦新鲜事物。研究数据表明,大学生群体里,经济状况较差的学生相对容易产生一些负面情绪。因此,学校在思想教育方面要教育学生树立正确的消费理念,不要盲目攀比。在具体措施方面,积极扩大学生助学贷款的来源及资助范围,同时需要提高学生的法律意识,建立学生的诚信档案。

3. 注重运用现代媒体进行网络引导

手机、网络等现代媒体工具的运用为大学生提供了释放压力、发泄情绪的渠道,很多大学生选择在网上表露和发泄自己的负面情绪。高校教育工作者可以充分利用网络平台进行心理疏导,一方面,以普通网友的身份与大学生沟通交流,及时了解他们的实际问题和情绪动向,在线解答疏解他们所遇到的心理问题。另一方面,可以充分利用学校的网站或公开论坛的平台开设心理咨询窗口,缓解大学生的心理压力,答疑解难。也可以在各种网络平台上宣传和讲解大学生心理问题的预防和解决办法,引导大学生心理健康发展。

4. 增强辅导员的情绪管理和情绪疏导能力

"身正为师,德高为范"。辅导员的个人素质和能力是学生工作能否做好的重要的因素,一定程度来讲起着决定性作用。辅导员应该增强自己的情绪管理能力,同时要学会运用情绪来管理和激励学生。通过与学生接触,善于观察、理解学生的情绪表现,洞察其负面情绪,及时了解学生的思想动向,有针对性地解决学生的情绪问题,避免不良情绪的长期积累。同时,学校应重视和加强对辅导员队伍心理咨询、情绪疏导等方面技能的培训,使他们掌握一定的专业知识。

第四节 大学生的情绪管理

一、情绪管理的内涵

（一）情绪管理的概念

情绪管理是指人们主动地去调整自己的情绪,使自己能够在适当的时间和适当的场合,对适当的对象恰如其分地表达情绪,达到内心世界与外部环境的平衡,从而保持身心健康。这也是个体管理和改变自己或他人情绪的过程。

（二）情绪管理的内容

戈尔曼将情绪自我管理作为情绪智力理论结构中的一个维度进行了详细描述。他认为情绪的自我管理就是"调控自己的情绪,使之适时适地适度。"戈尔曼认为情绪管理主要包括评估与表达情绪、调节情绪、运用情绪。

1. 评估与表达情绪

正确评估和表达自己的情绪是智慧最基本的部分,而能够觉察他人的情绪是另一个重要的层面。情绪智慧较高的人,不但是良好的情绪传送者,也是体贴的信息接受者,他能了解别人的感受,觉察别人的真正需要,将情绪表达与觉察能力运用自如,从而与人建立互信的关系。

首先,我们要确定自己的真实感受。很多时候我们并不确切知道自己的真实感受,不习惯寻找情绪的根源。通常,我们可以通过回答一些问题来确定我们的情绪:到底需要什么？如果不想继续下去应该怎么做？能够从目前的情绪状况学到些什么？这种方法可以很快降低情绪的强度,从而使我们能客观理智地看问题和处理事情。

其次,总结自己曾经有过的各种情绪,可以更清楚的了解自己独特的内在反应模式及情绪反应原因。你可以这样做:找一个独处的时间和安全的空间,大声把自己的感觉不加责备、不逃避地说给自己听。

最后,记录整理我们的情绪以增加对情绪的认识和觉察。我们可以撰写个人心情日记或记录自己每天的情绪状态,了解自己的情绪、想法。这些方法可以让我们定时觉察自己的情绪。如果能记录清楚产生的原因,则不仅能增强情绪的觉察能力,也能洞悉情绪与事件、想法之间的联系。

2. 调节情绪

情绪智慧的另一要素是情绪调节能力,该能力是指个体能采取一些策略来处理激起的情绪,应对内外的情绪压力,以维持身心平衡。一个有智慧的人不仅能够处理自己的情绪,而且会处理别人的情绪反应对自己的影响,面对别人的情绪时,能适当应对并给予安慰,进而影响别人的情绪。

3. 运用情绪

情绪本身无好坏之分,也无价值高低之别,不过由于个体的情绪作用,会产生不同的效果与影响。因此,情绪智慧还具有的一个要素就是强调培养正向的情绪,使自己更加乐观、充满希望,并能化负向情绪为建设力,为自己开创美好人生。至于情绪的运用,可从弹性计划、创造思考、转移注意力、激发动机来着手。

二、情绪管理能力的培养

(一)学习情绪管理理论

1. 理性情绪理论

理性情绪理论是心理学家亚伯·艾利斯发展而来的心理理

论。这一理论认为,人的认知分为理性认知和非理性认知两种。理性认知是指人们对客观世界的正确认识,非理性认知是指人们对客观世界持有的不正确的想法与信念。认知是人在事物与情绪行为反应中间的重要变量,人的理性或非理性认知影响着情绪和行为。情绪并不完全是我们对环境状况的反应,同时深受我们对环境的看法、解释、态度及信念的影响。

理性情绪理论强调用"认知"来管理情绪,用理论来改变我们对事实的解释并且了解我们受挫的原因,以此来增加情绪管理能力。理性情绪理论认为,情绪宣泄可能会使我们一时的感觉好一些,但从长期来看,情绪宣泄并不能使我们下次面临同样的情形时情绪有所改善,反而还可能产生负性情绪。所以,要从根本上管理好自己的情绪,我们就需要反思自己的想法,与不合理的信念进行辩论,进而调整自己的不合理的信念,并使之变成合理的。辩论的步骤为:第一,接受已产生的情绪;第二,接受拥有这些情绪的自己;第三,确定需要改变的认知并进行辩论;第四,改变自己的认知并转化为合理的想法。我们的想法经过理性情绪理论分析和处理后,负面情绪的强度会大大降低。

2. 归因理论

归因是指人们对他人或自己行为的原因进行解释和推测的认知活动。本质上,它是一种社会判断过程,指的是根据所获取的各种信息对他人或自己的外在行为表现进行分析,从而推论其原因的过程。生活中同学之间对同一事情的看法往往不一致,这是因为对同一问题做了不同的归因。归因会对情绪产生很大的影响。日常生活中的同一事件会引起两类行为反应,对结果的归因不同,引起的情绪反应会不同。例如,两个女生与各自的男友约会,可是两个男孩都失约了。其中一位女生进行了外部归因,认为男友失约是因为临时补课或有活动,于是她虽然有些遗憾但情绪并没有受到太大的影响;另一位女生对此进行了内部归因,认为男友失约是因为不爱自己了,于是情绪很差。两位女生不同角度的归因,内心感受和因此产生的情绪完全不同。

现实中,我们按照归因获得的信息来调整我们的情绪和行为。人们总有一种要弄明白自己为什么失败或成功的倾向,这种归因未必都是对的。但个人的归因却是通过自信心、自尊心、其情绪态度的变化影响我们今后的行为。归因对每个人来说都很重要,没有归因,我们就很难管理好自己的情绪,无法建立良好的关系。所以,当我们收到情绪困扰时,就应该反省自己的归因方式。通过改变归因方式来改善情绪,管理好情绪。

3. 视网膜效用

这个效应是指我们眼里所看到的事物与心里所想的东西往往密切相关。《列子》中有一故事,说有一个人遗失了一把斧头,他怀疑是邻居孩子偷的,便暗中观察他的行动,怎么看都觉得他的一举一动像是偷他斧头的人,绝对错不了。当后来他在自己的家中找到了遗失的斧头,他再碰到邻居的孩子时,便怎么看也不像是会偷他斧头的人了。一个爱嫉妒的同学,他的眼里往往只能看到竞争和冲突;一个自卑的同学,他的眼里看到的更多的只能是别人的优点和自己的缺点;如果我们觉得某个同学与我们不合作,那么他做的很多事情里都能找到不合作的影子,因为这个时候我们关注的就是不合作,事情一发生,我们就会无意识地去找他不合作的证据。

世界上从来都没有完美的人,也没有完美的事。关键是把自己的注意力放在何处。我们的眼睛就像相机的镜头一样,如果你把镜头对着鲜花,你就看到了无数的鲜花。世界不是缺少美,而是缺少发现美的眼睛。情绪就是如此,看问题的积极方面,可以产生积极情绪;看问题的消极方面,催生的就是消极情绪。所以,我们要学会控制自己的注意力,调控自己的情绪。你的心境是在天堂还是在地狱,有的时候完全取决于你自己:学会看积极方面,可以产生好的情绪和积极的心态。

（二）情绪管理训练

情绪是可以通过训练得到调控和改善的，情绪管理训练借助于已经成熟的理论与方法，效果明显。

1. 理性情绪疗法

心理学家艾利斯提出的理性情绪疗法被公认为好的情绪管理方法。理性情绪疗法的基本假设是我们的情绪根源于我们的信念、评价与解释。人同时具有理性与非理性的信念。人们的困扰是来自本身的非理性思考，而不是外在世界的某些事件。他认为人们强烈的不适当的情绪主要是由非理性的思考导致的，而这些不合理与不合逻辑的非理性思考源于早期的学习或者受到父母与环境的影响。但人具有改变认知、情绪及行为的潜能，不必受制于早年经验，可以让自己学习理性思考，降低不良情绪的发生频率，增加积极的正性情绪的发生频率。

ABC 人格理论是艾利斯理性情绪疗法的精华，不仅说明人类情绪与行为困扰的原因。也提供解除情绪及行为困扰的应对方法。A（activating events）：代表引发事件；B（beliefs）：代表个人持有的信念；C（consequences）：代表最后的结果。即事件本身 A 并不是情绪反应或行为后果 C 的原因，人们对事件的非理性信念 B（想法、解释、看法）才是真正的原因。

2. 培养积极情绪

一般认为，消极情绪通过缩小个体即时的认知和行为系统，在危机状况下帮助个体迅速组织应激资源，以免自身受到侵害；而积极情绪能扩展个体即时的认知和行为系统，促使个体突破极限开放经验，进而构建起持久的心理资源，个体会处于螺旋上升的状态。

积极情绪有五种典型表现：喜悦、感激、宁静、兴趣和希望。从多种情绪体验的组织来看，可以在三个层次上理解：第一个层次是快乐地生活，关注既往、当下和将来的积极情绪；第二个层次是投入的生活,发挥个体积极的特性,包括性格力量和才能;第三个层次是有意义的生活,从属并服务于一些积极的制度。

积极心理学认为,积极情绪可以借助某些行为或活动来主动诱发。下面介绍两种培养积极情绪的方法。

(1)睡眠、运动加营养

睡眠可以消除疲劳、恢复体力,修复大脑和身体组织。对身心健康具有重要作用,保证睡眠时间,提高睡眠质量是积极情绪产生的前提。

运动有益于情绪健康,通过运动可以促进全身血液循环,提高心肺功能,增强免疫力。更为有趣的是,运动还能促进人体分泌"脑内吗啡"。这类物质充满魔力,具有振奋人心的作用。除此之外,在情绪很强烈又没有适当发泄对象时,可以通过运动的方式缓解情绪压力,把负性能量宣泄出来。

营养与饮食对身体发展和健康依然起到非常重要的作用。大学校园里时下流行的"瘦为美"使得很多女大学生流行节食减肥。朱迪丝·罗丁说:"对于太多的女性来说,饮食上的一点点偏差可以带来自信或招来绝望。"如果不停处于节食和体重反弹的循环中,更容易引起慢性疾病的发生,而且由于营养摄入不足,加上运动不科学,很容易出现缺乏活力、自信、容易焦虑、抑郁和低自尊等。

(2)学会放松

身心处于平和宁静状态下,才有可能体验到多种积极情绪,泰然自若处理各种棘手问题。我们通过主动放松身心,可以接近这种状态。身心放松的方法有深呼吸、肌肉放松、冥想等。这些方法可以单独使用也可以配合使用。每天午休或晚上睡觉前,进行 10~15 分钟放松,长期坚持,不仅有助于恢复我们的机体,而且还可以提高我们对积极情绪的感受性。

第四章 大学生学习心理与积极心理调适

学生的主要任务就是学习,这一点,大学生也不例外。但是,大学的学习与中小学的学习具有明显的不同,如果没有意识到这些差异,缺乏正确的学习方式,就很难产生理想的学习效果,也就会产生各种各样的心理问题,心理问题又会再次影响学习,从而形成恶性循环。如果一名大学生拥有积极的学习心理,他们就能够采用适合自己的学习策略来自觉、主动、快乐、轻松地学习,并取得理想的学习效果。因此,拥有积极的学习心理,对于大学生而言是非常重要的。本章从当代大学生的学习特点、常见的学习心理问题、学习心理调适以及创造性思维的发展等方面对大学生学习心理与积极心理调适进行详细分析。

第一节 当代大学生的学习特点

一、学习内容的专业性

大学的学习实际上是一种高层次的专业学习,大学的课程体系设置与中学明显不同,学习内容、方法等方面也有其独特性。大学阶段的专业课程分类更加细致,可分为工、理、经、管、文、法、哲等学科门类,每一名大学生都进一步分出具体的学科或专业。大学的学习具有专业性和领域指向性强的特点。在大学里,中学时代的普及性知识学习转化为专业领域的深入学习,知识结构从"横向扩展"转化为"纵向深入",学习的内容、方法、操作、实践都紧密围绕着专业的发展方向开展。

大学课程的设置紧扣专业发展需要。大学里所学的课程是由公共基础课、专业基础课、专业技能课以及专业实践能力训练组成的，这些课程的设置都是围绕着培养专业人才这个中心进行的。

（一）公共基础课

公共基础课是高等学校各专业大学生共同必修的课程。其虽然不一定同所学专业有直接联系，但它是培养德智体全面发展人才、为进一步学习提供方法论的不可缺少的课程。它可以帮助大学生形成一个合理的基础知识结构系统，为大学生掌握专业知识、培养有关专业能力打下坚实的基础。每个学校的公共基础课可能因学校性质、类别以及办学理念不同而存在部分差异，但总体上可以分为三大模块：一是社会科学公共基础课，如马克思主义基本原理；二是自然科学公共基础课，如大学计算机基础；三是实践环节公共基础课，如军事训练等。

（二）专业基础课

专业基础课是指同专业知识、技能直接联系的基础课程，它包括专业理论基础课和专业技术基础课。它是高等学校中设置的一种为专业课学习奠定必要基础的课程，也是大学生掌握专业知识技能必修的重要课程。不同的专业有一门或多门专业基础课，同一门课程也可能成为多门专业课的专业基础课。

（三）专业技能课

专业技能课是与专业基础课相对而言的，指高等学校根据培养目标所开设的专业知识和专门技能的课程，主要是指那些与所学专业联系较紧密、针对性比较强、某一专业必须学习掌握的课程。此类课程是培养专门人才的根本。专业技能课的任务是使学生掌握必要的专业基本理论、专业知识和专业技能,了解本专业的前沿科学技术和发展趋势,培养分析解决本专业范围内一般实际问题的能力。

(四)专业实践能力训练

专业实践能力训练也是一项重要内容。各级各类高等院校教学计划中都安排了实验、生产或教育实习、社会调查、暑期的社会实践、野外考察等教学环节。

大学毕业生的毕业论文(设计)是毕业生在大学阶段须完成的最后一个重要教学实践环节,是对大学学习内容的总结和检验。因此,它也是重要内容之一。

二、学习过程的自主性

大学生的学习过程具有自主性的特点,这主要表现在学习内容、学习时间、学习途径以及学习环境四个方面。

(一)学习内容的自主性

在大学的学习过程中,除了完成规定的课程设置外,每一名大学生都可以根据自己的兴趣爱好、发展方向,结合自身的特点有针对性地进行选修和辅修一些课程。此外,大学生还可以自主选择社会实践、社会实习等各类课外的活动。

大学生学习的自主性可以在最大程度上发挥大学生的学习主动性,使大学生真正可以最大限度地利用在大学校园的时间,实现自我提升。但是,因为我国应试教育在基础教育阶段的统治性影响,很多大学生并没有形成良好的自我学习能力,都是在教师和家长的督促下进行学习的,很多大学生甚至产生了厌学情绪,这样导致他们进入大学后,很多大学生就失去了学习的动力,不适应大学的学习环境,出现"大一很迷茫""大二很自我""大三很逍遥""大四很成熟"的"四很"问题。

（二）学习时间的灵活性

在大学生活中，大学生可以自由支配的时间比较多，这样就使得有些大学生无所适从了，他们不知道如何支配自己的学习时间。因此，在大学期间如何掌控好和分配好时间是保证大学生学习成效的重要条件。

（三）学习途径的多元性

大学生在大学中拥有多元化的学习途径。除了课堂教学和自学外，大学生还可以参加学术交流、社会实践，听学术报告，查阅文献资料等，这些都是有效的学习途径。不仅如此，大学生还可以根据自身的兴趣爱好参加一些校园文化活动，通过与教师、同学进行交流、讨论以及借助互联网等，都可以促进自己的学习。

（四）学习环境的自由性

大学里教室几乎都是不固定的，所以大学生在大学里很难固定自己的学习场所，他们可以选择适合自己的场所进行学习，如校园、图书馆、教室、操场、实验室或是机房。这种自由的学习环境使得大学生拥有不同的学习伙伴，学习视野得到了极大的拓展，与其他同学的交流与沟通的机会也大大增加了。

三、学习方式的探索性

高等教育除了传授专业知识外，更加侧重于培养学生的学习能力。对学生来说，专业知识的学习是基础，更重要的是提高学习的能力和应用专业知识的实践能力。因此，在课堂教学中，教师除了讲授基本的概念和理论外，也会提出不同学术观点之间的争论，介绍最新的学术动态。这种学习特点就要求大学生具备不断创新的意识和精神，注重探索和研究，培养自己的动手能力、探索精神和研究能力。

四、学习心理的复杂性

大学学习阶段是人才成长由"求学期"进入"创造期"的过渡阶段。与中学学习相比,大学学习具有专业性、探索性、职业定向性、社会服务性等更高的要求。因此,大学生入学后,会因为学习情况的变化产生不适应。

(一)因学习变化导致心理不适应

大学生从中学进入大学,在学习上会面临一系列的转变,从而导致大学生产生心理不适之感,其中最为主要的转变主要有如下两方面。

1. 因从中学学习到大学学习转变而导致心理不适应

从中学学习到大学学习的转变,会导致大学生产生一系列的心理不适应,具体来说表现为以下两个方面。

第一,不适应大学的专业学习。一些大学生在选择专业时,要么是受到父母的影响,要么是对专业不够了解。因此,当其进入大学开始专业学习时,会由于这样或那样的原因对专业学习提不起兴趣,从而导致专业学习困难。

第二,不适应大学的学习方式,具体表现为既不会自学和主动学习,也不会有重点、抓难点地进行学习。因此,一些学生虽然很用功地学习,却无法取得较好的学习效果;一些学生在课后总是感觉无事可做,学习效果也可想而知。

2. 从低年级基础理论学习到高年级专业技能学习的转移而导致心理不适应

从大学低年级基础理论学习到高年级专业技能学习的转移,会导致大学生产生一系列的心理不适应,具体来说表现为以下几个方面。

第一,无法快速、有效地确定科研选题。

第二,创造性思维能力比较差。

第三,想要在择业的人际关系处理中花费较多的时间,又担心这会对自己的学习产生不利影响。

第四,想要考研,又担心考研失利使自己失去主动择业的机会,即面临考研与就业的冲突。

(二)学习意识基本成熟

对于人们来说,只有形成良好的自我学习意识,才能真正地学会学习。大学生随着主体意识的萌芽,自我意识会不断得到发展,学习意识也会日益成熟,最为鲜明的表现就是在学习中具有了更强的独立性、自主性和可控性。

第二节 大学生常见的学习心理问题

一、缺乏学习动力

(一)缺乏学习动力的表现

缺乏学习动力是指学生学习没有内在的驱动力,没有明确的学习方向,也就是有的学生常讲的"学习没劲"。大学生缺乏学习动力主要表现在以下几个方面。

第一,学习目标不明确。这类大学生既没有近期的学习目标,也没有长期的学习目标,只求每次考试都能拿60分,并顺利毕业。

第二,注意力分散。缺乏学习动力会使学生注意涣散、兴趣转移,易受各种内外因素的干扰,因而上课不专心,不能集中精神思考问题,课后不肯下功夫复习巩固所学的知识。作业不认真、满足于一知半解,对学习基本采取的是"应付"的态度。

第三,学习情绪消极。一些大学生对学习持消极情绪,认为学习是既枯燥又乏味的,而且是一个苦差事。在其影响下,大学生也无法形成较强的学习动机,会产生冷漠厌倦情绪。

第四,学习方法不恰当。一些大学生只是死记硬背、应付考试,缺乏正确灵活的学习策略。

第五,缺乏自尊心、自信心。一些大学生学习不好不觉得丢面子,考试成绩不及格也不在乎。这些学生缺少必要的压力、必要的唤起水平和认知反应,因而懒于学习。

第六,成就感低。成就感低的大学生往往没有理想抱负,上进心和求知欲也不足,因而对待学习持消极的态度。在其影响下,学习动机必然会缺乏。

(二)缺乏学习动力的原因

1. 对所学专业缺少兴趣

兴趣是力求认识、探究某种事物的心理倾向,是一个人对某事物所抱的积极态度。如果对所学专业没兴趣,那就必然不会有学好它的积极态度。

2. 大学生自身学习动机不明确

学习动机不明确也是大学生缺乏学习动力的重要原因。许多大学生对于自己为什么学习、为什么读书、为什么上大学等问题并没有明确的答案,或者都是回答说为了父母、为了找一个好工作等。这就说明大学生缺乏崇高、具体的学习目的,因此缺少或者没有什么奋发向上努力学习的原动力,从而对待学习基本上采取一种放任的态度。

3. 情绪意志等的影响

大学生的情绪、爱好、意志、精力、兴趣以及健康状况等都会对其学习动机产生重要的影响。比如,一个消极对待学习、学习意志薄弱的大学生,是很难有强烈的学习动机的;一个对专业不感兴趣并抱负面态度的大学生,也不会形成强烈的学习动机。

4. 家庭环境的影响

一些家长对子女的期望过高,而子女的实际学习能力却比较差。在这两者的冲突下,一些大学生便对学习失去了自信心,继而学习动力不足。

5. 社会不良价值观的影响

在影响大学生学习动机的社会原因中,最为重要的一项便是社会价值观。在今天的社会中,存在着读书无用、知识贬值、拜金主义、分配不公等不良社会价值观,在其影响下,不少大学生出现了学习动机缺乏的现象。

6. 校园环境的影响

高校是否拥有良好的环境、学风、校风、校规校纪、教学设备、师资水平、教学内容、教学方式等,将对大学生的学习兴趣和学习动机产生重要的影响。若是这些都无法获得大学生的认可,则对这些不满意,就无法激起大学生的学习兴趣,继而导致其学习动机缺乏。

二、学习动机过强

学习动机的强度与学习效果之间不存在正相关关系。据相关心理学研究表明,学习动机的强度处于中等水平时,才能取得最佳的学习效果。但是,不少大学生在学习的过程中无法确定合理的学习动机强度,为了追求良好的学习效果拼命学习,动机过强,进而产生害怕失败的紧张心理和拼命蛮干的有害行为,反而过犹不及。

(一)学习动机过强的表现

大学生学习动机过强,具体来说是通过以下几个方面表现出来的。

第一,自我期望值过高。学习动机过强的大学生,往往对自身的实际能力和素质缺乏准确的认知,继而所确立的抱负大大超过自身实际水平,并且要求自己只能胜利,不能失败。一旦失败,便会使自己的自尊心和自信心受损,甚至可能产生自卑、压抑等心理问题。

第二,学习强度过大。学习动机过强的大学生,往往将大部分的时间都用在学习上,缺乏体育锻炼和休息,从而导致其身心经常处于疲惫状态。

第三,精神紧张。学习动机过强的大学生,由于很长时间都进行超负荷的学习,因而总是处于高度紧张的状态。长此以往,其精神压力必然加大,同时伴随精力易分散、思维迟钝、记忆力减退、学习效率低、头痛、头晕、失眠多梦、惊慌、胸闷、胃肠不适等现象。

第四,成就动机过强。当大学生的学习动机过强时,便会争强好胜,看重分数和名次,渴望被认可、表扬和奖励;将全部的精力都放在学习上,坚信自己只要努力就一定能获得优异成绩。但是,当目标未能达成时,他们便会产生严重的心理落差,继而对自己产生怀疑,出现心理障碍。

(二)学习动机过强的原因

大学生学习动机过强,具体来说是由以下几个方面的原因导致的。

第一,自尊心过强。一些大学生自尊心过强,过分看重成绩和荣誉,喜欢争强好胜。因此,确定的学习动机往往过强。

第二,高估自己。一些大学生对自身能力进行了过高估计,不论是对自己的期望还是确定的学习目标,都大大超过自己的实际能力。但是,这又会导致大学生产生过高的学习动机水平,从而导致实际学习效果不佳。

第三,他人不恰当的强化。由于社会文化倾向的影响,努力学习者、发愤图强者、有志向者等往往能够得到大多数人的支持和赞扬。在其影响下,很多大学生不自觉地产生了过强的学习动机,从而导致自身在学习中产生较大压力。

第四,对成功的认识有偏差。一些大学生认为,要想取得成功,只能借助学习这一重要的途径,即将学习看成取得成功的唯一条件。同时,还有一些大学生认为,只要自己努力学习,就一定能取得成功。在其影响下,大学生确定的学习动机过强也就不足为奇了。

三、学习焦虑

学习焦虑是指学生由于不能达到预期目标或不能克服障碍威胁,致使自尊心、自信心受挫,或失败感、内疚感增加而形成的一种紧张不安、恐惧的情绪状态。适度的学习焦虑对学习有一定的促进作用,但过高或过低的学习焦虑都会对学习造成不良影响。

(一)学习焦虑的表现

大学生在出现学习焦虑时,往往会有以下表现。

第一,生理上表现为肌肉紧张、心率加快、呼吸急促、头晕、多汗、恶心、睡眠不良、食欲不振、胃肠不适等。

第二,自信心降低、注意力不集中、记忆力下降、思维迟钝、情绪不佳、学习效率降低等。

第三,心理压力过大,害怕失败,并因此表现出忧虑、紧张、恐惧、坐立不安、慌乱,面对繁杂的学习内容心乱如麻、茫然无绪,思维紊乱、不知所措,记忆力减退,思维迟钝,学习效率下降,情绪抑郁、易怒、烦躁,缺乏自信心等。

(二)学习焦虑的原因

1. 学习期望值过高

有些学生对自己实际的能力缺乏正确认识,所树立的学习目标远远超过实际水平,同时自信心不足,心理压力很大,内心常常潜藏着一种恐惧感,久而久之便形成了严重的学习焦虑。

2. 学习压力过大

大学生的学业相比中学来说有了很大变化,学习难度增大、学习方式改变等。一些大学生不能良好地适应这一变化,便会产生学习焦虑。

3. 能力不够

部分大学生能力不够,知识经验储备不足,学习效率不高,记忆提取困难,常常难以取得好成绩。在外在压力下,他们感到自卑自责,产生焦虑。焦虑使其注意力难以集中,学习成绩进一步下降,从而更加焦虑和自卑,形成恶性循环,最终导致学习焦虑。

4. 缺乏学习兴趣

大学生的学习是以专业学习为主的,而长时间的专业学习很容易导致不少大学生对所学专业失去兴趣,并产生学与不学的焦虑,继而出现学习焦虑。

5. 个性敏感

性格敏感的大学生往往容易因学习上的失败或挫折体验挫伤自信心和自我效能感,从而产生学习焦虑。

6. 身体状况不佳

体质虚弱、疲劳过度、经常失眠的学生容易产生较强的情绪波动,导致学习焦虑。此外,由于个体受父母遗传基因的影响而在神经类型的强弱上有所不同,使得有些人对刺激容易产生紧张反应,这也容易产生学习焦虑。

7. 社会大环境的影响

目前,社会竞争巨大,如竞争意识的影响、家长"望子成龙、望女成凤"思想的影响、学校和教师给予的压力、就业的压力等。

四、记忆障碍

记忆是大脑对经历的事件的反映。它是一切智慧的基础,是人们积累知识和经验,达到预定目标与成就的必要条件。但是,有些大学生存在记忆障碍,会出现知识储备不足的问题,进而导致大学生对知识信息之间的联结不足,对大学生的学习产生了极大的影响。

(一)记忆障碍的表现

大学生记忆障碍主要表现在以下几个方面。

第一,记忆能力减退。记忆能力减退表现为遗忘的速度、范围、程度超过了正常人,发展到严重时表现为对经历过后的事物无法再认识或回忆。

第二,记忆错误。记忆错误表现在错构、虚构以及遗忘—虚构综合症三个方面。错构是在回忆时添加一些原来没有的、错误的细节,或者忘掉了一些细节而选择和保持了一些较主要的特征。虚构是以想象的、没有真实根据的内容填补记忆缺陷。遗忘—虚构综合症则是近事遗忘、虚构和定向障碍。

第三,记忆"增强"。记忆"增强"表现为过去已经遗忘的经验能清晰回忆起来,而这些经验在心理正常的情况下一般是难以回忆起来的。

(二)记忆障碍的原因

第一,学习目的不明确、学习动机不强、学习兴趣不浓厚以及对学习缺乏信心等心理状态会使大脑对知识的记忆缺乏积极主动性,大脑皮层活动不活跃甚至处于抑制状态,这是引起记忆障碍的主要原因之一。

第二,学习材料之间的相互干扰会引起记忆障碍。

第三,急躁、烦恼、紧张、压抑等情绪会引起神经功能紊乱,并且容易破坏记忆功能。

第四,长时间单调的学习会使大脑相应功能区域处于疲劳状态,新陈代谢功能失调,从而产生保护性抑制,记忆效率必然下降。

五、注意力不集中

人的各种心理活动要想顺利进行,必须要借助注意这一心理活动。在大学生的学习活动中,注意发挥着十分重要的作用。若是大学生的注意力比较差,就很容易出现学习效率不高、学习成绩较差的现象。

(一)注意力不集中的表现

大学生在出现注意力不集中的问题时,往往会通过以下几个方面表现出来。

第一,在学习过程中易走神,常常想一些与学习无关的东西。

第二,在学习过程中很容易被外界无关刺激吸引,继而分散自己的学习记忆力。

第三,在学习过程中伴随着说话、东张西望、玩手指等很多无关学习的动作。

第四,学习效率比较差。

(二)注意力不集中的原因

引起大学生注意力不集中的原因,具体来说有以下几个。

第一,没有明确的学习目的和学习任务,无法将注意力长久地集中在学习内容上。

第二,对所学专业没有足够兴趣,长期处于一种被动学习状态,学习注意力必然难以集中。

第三,不适应大学的学习方式,不知道课后该如何进行复习和继续学习,而且常常将大量的时间花费在玩上。长此以往,想在学习上集中注意力必然会变得十分困难。

第四，学习环境不佳，过于杂乱、嘈杂、空旷等，很容易分散大学生的学习注意力。

第五，因存在过度疲劳、过度焦虑等问题，导致自身无法有效地集中学习注意力。

六、学习疲劳

学习疲劳是指因一定的紧张程度或连续长时间的学习而导致学生在生理和心理两个方面产生倦怠，继而学习效率不断降低，甚至无法进行继续学习。在学习过程中，学习疲劳是经常会出现的，而且是一种保护性抑制。学习心理研究表明，凡是需要紧张注意、积极思维和加强记忆的学习活动，都容易产生学习疲劳。

通常来说，在经过适当而充分的休息后，学习疲劳便会消失，对大学生的身心发展也不会造成危害。但是，大学生若长期处于学习疲劳的状态，则可能引发一些身心疾病，严重影响其正常的学习活动。

（一）学习疲劳的表现

大学生在出现学习疲劳时，往往会通过以下几个方面表现出来。
第一，眼球胀痛，肌肉麻木、僵硬，腰酸背疼。
第二，头晕、瞌睡。
第三，注意力不集中，感觉迟钝，思维混乱。
第四，易产生忧郁、躁动、厌烦等不良情绪。
第五，学习错误增多，学习积极性和学习效率降低。

（二）学习疲劳的原因

1. 生理原因

导致大学生产生学习疲劳的生理原因，具体来说包括以下几个方面。

第一,未能做到劳逸结合,将大部分时间用于学习,而休息、睡眠时间不足。

第二,不注意用脑和用眼卫生。

第三,营养供应不充足。

第四,自身体质较差。

2. 心理原因

导致大学生产生学习疲劳的心理原因,具体来说包括以下几个方面。

第一,对学习缺乏兴趣,无法在学习中体验到快乐。

第二,学习动机不足,没有足够的动力推动自己进行学习。

第三,学习情绪不佳,将厌烦、倦怠、浮躁、低落等情绪带入学习中。

第四,缺乏毅力,一旦遇到困难便会信心不足,难以花费较多的时间和精力坚持学习。

3. 环境原因

导致大学生产生学习疲劳的环境原因,具体来说包括气温、湿度、噪音和光线等异常,家庭经济问题的影响,社会和家庭思想观念的影响,学习方法不当以及学习负担过重等。

七、考试焦虑

（一）考试焦虑的表现

考试焦虑是一种由于面临考试而引起的紧张、不安、恐惧等情绪体验。适度的考试焦虑可以使大学生在考试时保持适度紧张,有利于集中注意力,但过度的考试焦虑则会对考试产生不良影响,甚至对大学生的身心健康造成潜在危害。

大学生考试焦虑主要表现为情绪紧张、烦躁。在考试前几天有时会出现失眠、头痛、头晕、厌食等现象；在临考时有时会出现手足出汗、发冷、发抖、大脑空白、心慌气短、频频上厕所等生理或心理反应；在考场上有时会出现注意力难以集中、坐立不安、心跳加快、呼吸急促、头昏、出汗等现象，严重者甚至可能会出现全身发抖、晕倒等现象。

（二）考试焦虑的原因

1. 知识掌握不到位

考试是对所学知识的检验过程，如果学生知识掌握不到位，自然会觉得心中没底，从而感到忧虑。知识的掌握是一个长期积累的过程，但一些学生上课不认真听讲，课外也没有认真复习和完成作业，指望在考前前几天突击背诵知识要点，把需要一个学期积累的知识和经验压缩到一个星期，这就违反了学习规律，对知识的掌握也必然是不牢固的。由于对考试的准备不足，学生自然会产生一定的焦虑感。

2. 主观赋予考试更多的意义

有些大学生在考试之前都会有"我一定要通过这次考试，要不然就太没面子了""这次我一定要考好，否则就拿不到奖学金了""这次要考不好，我就失去了改变命运的机会"等类似的想法，把考试跟荣誉、面子甚至是前途、命运联系起来，而当一个人把考试作为影响自己的重大事件，对其产生了较高期望值时，他就会十分在意自己考试的结果，无形中给自己增加了很多的压力，考试焦虑水平也会相应提高。事实上，考试只是对一个人学过的知识的检验过程，大学生应该用平和的心态去看待考试。

3. 外在环境给予了过大的压力

随着社会竞争的日益激烈，父母、教师都希望大学生更加优秀，他们对大学生寄予了很高的期望值。比如，父母会说"这个学期的考试一定要考好，一定要把一等奖学金拿到手"；教师会说

"这次英语六级一定要通过,很多企业是非常看重你的英语水平的"。这些外界所给予的期望值往往会给大学生造成一定的压力,使其更加担心考试失败,会令父母或教师失望,从而产生了考试焦虑。

第三节 大学生学习心理的调适

一、大学生缺乏学习动力的调适

大学生可以通过以下几种方式来对缺乏学习动力这一学习问题进行调适。

(一)强化学习动机

学习动机是推动学生进行学习的一种内在力量,是有效地进行学习的必要因素。学生的学习动机会随着年龄、个人经历、教育程度和社会条件的不同而发生变化。由此可见,大学生的学习动机与高中时期有明显的不同,由高中的单一化、直接化和非职业化转变为大学的多样化、间接化、职业化。大学生只有尽快适应这种转变,才能明确学习目标。因此,学校有关部门和教师要有针对性地让大学生了解其学习动机的特点,启发他们对社会需要、社会期望形成正确的认识,并创造条件以帮助大学生自我定向、自我定位,这样才能激发其正确的学习动机。

(二)激发大学生的求知兴趣

兴趣是最好的老师,大学生只有真正喜欢自己所学的专业,才能产生内在的学习驱动力。在提高大学生对自己所学专业的兴趣时,可以从多读、多看、多听、多动手、多参与等方面入手。其中,多读是指大学生要多读书,这不仅能增加大学生的信息量,扩大其知识面,而且可以使大学生养成良好的阅读习惯;多看是指大学生要多参观一些学术成就展览、科技资料片博览等,以对大学生的学习发挥启示作用;多听是指大学生要多听学术报告,了解最新的学术动态、研究成果,这既可以加深大学生对所学知识的理解,也可以进一步激发其求知欲;多动手是指大学生要多参加实践活动,在实际操作中增长技能;多参与是指大学生要积极参与各种科技文化活动,提高自己的实践能力。

(三)营造良好的学习氛围

大学生学习动机的激发离不开良好的学习氛围这一重要的外部条件。一般来说,良好的学习氛围应该包括以下两个方面的内容。首先,就学校来说,应具备良好的教学设备条件,较高水平的师资队伍,优良的校风、学风和校园文化环境。其次,就社会来说,要形成尊重知识和人才的大环境。

(四)端正学习态度

学习态度是指学生对学习的较为持久的肯定或否定的内在反应倾向。

学习态度对于学生的学习效果有重要影响。大学生只有端正学习态度才能有助于提高自己的学习成绩。端正学习态度的根本是要明确学习目标。高尔基曾说,一个人追求的目标越高,他的才能就发展得越快,进而对社会就越有益。因此,大学生在确立学习目标时,应将目光看得长远一些,并且全力以赴,这样的学习才能显示出强大的动力。

(五)合理运用竞争机制

在学习中引入竞争机制并对其进行合理运用,可以使大学生的学习积极性得到较大提高,继而产生较强的学习动机。

第四章　大学生学习心理与积极心理调适

（六）增强大学生的自我效能感

增强大学生的自我效能感,使其感觉自己很有能力将学习任务顺利完成,并相信自己的学习能力能够不断得到提高。只有这样,大学生才可能产生较强的学习动机,进而积极主动地进行学习。

（七）做学习的主人

在中学时,相对来讲大多数学生还不成熟,只知道埋头学习,将来考大学,但还没有把学习和将来祖国的现代化建设真正联系起来,上了大学,随着年龄的增长,他们逐渐产生社会责任感,知道学习不是个人的事情,自己的成才实质上是社会的需要。大学生只有将自己作为学习的主人,才能产生强烈的学习动机。

（八）有效运用奖惩手段

一般来说,合理奖励手段的运用能够对大学生的学习动机进行激发和巩固,而合理惩罚手段的运用则能够促使大学生为了避免学习失败而努力学习。可见,有效运用奖惩手段也是激发大学生学习动机的一个重要方式。需要注意的是,在运用奖惩手段时要把握好度,同时尽可能多用奖励手段、少用惩罚手段。此外,还要注意奖惩透明,以免起到反作用。

二、大学生学习动机过强的调适

对大学生学习动机过强的调适就是要帮助大学生形成正确且适度的学习动机,使大学生逐渐养成健康的学习心理。

（一）客观认识自己

大学生要正确认识自己的潜质,客观地认识自己的能力和特长,正确评价自己,提出与自己能力相适应的抱负和期望,制订切实可行的阶段性目标,调整成就动机。与此同时,大学生要脚踏实地,循序渐进,量力而行,不好高骛远。

(二)树立正确的学习观

所谓学习观,就是学生对知识和学习经验的态度。学习观是否正确,既影响着学生能否取得良好的学习成绩,也影响着学生能否设置合理的学习目标,还影响着学生能否形成合理的学习动机。因此,大学生要调适过强的动机,需要树立起正确的学习观。具体来说,大学生可以借助以下几个途径来促使自己树立正确的学习观。

第一,要逐渐从以教为主转变为以学为主,注重自主学习,主动汲取知识,并将学习的主阵地由教室变为图书馆、阅览室等。

第二,要自觉突破专业限制,尽可能多地涉猎其他专业或其他学科的知识和课程,以便获得更加广泛的知识,为未来就业奠定重要的知识基础。

第三,要明确终身学习观的重要性,并积极对其进行实践。

第四,要逐渐用人本主义的学习观取代功利主义的学习观,并将其渗透到所有科目的学习中。

(三)培养广泛的兴趣爱好

大学生要积极参加各种文化娱乐活动,培养多种特长和兴趣爱好,重视综合素质的提高,但要注意劳逸结合。

(四)正确看待荣誉和学业成绩

大学生要转换表面的学习动机为深层的学习动机,淡化名利得失,克服虚荣心理,正确对待荣誉与学业成绩,把关注点聚集在学习活动中,而不是关注成败后果,从而使学习效率提高,这样才能发挥水平,更有利于成功。

三、大学生学习焦虑的调适

大学生可以通过以下几种方式来对学习焦虑进行调适。

(一)找出原因,稳定情绪

世界上任何事物的产生都有其原因,大学生应该学会冷静,客观地分析导致焦虑的主客观原因,针对原因找出缓解焦虑的办法,不能采取回避的态度,放任焦虑的发展。大学生在学习过程中,若能保持轻松愉快的情绪,不仅能取得事半功倍的学习效果,还能使自己逐渐形成健康的学习心理。大学生要想始终保持良好的情绪状态,既要注意对自己的不良学习情绪进行调节,又要注意劳逸结合,防止过度疲劳的出现。

(二)正确认识和评价自己的能力

大学生要正确认识和评价自己的能力,制定出切合自身实际的学习目标;保持适度的自尊心,降低对胜败的关注度;增强自信心,经得起困难和失败的考验;保持乐观稳定的情绪。这些都有助于克服严重的学习焦虑情绪。

(三)充分发挥自我调节的能力

大学生要充分发挥自我调节的能力,控制焦虑的程度。自我调节的能力包括自我放松、自我暗示和向他人倾诉等方法,这些方法可以减轻学习焦虑的程度。学生要学会放松自己,合理宣泄自己抑郁焦虑的心情,保持良好心态。

(四)创造良好的学习氛围

大学生可以通过人际关系的建立来努力创造一个关系和谐的集体和轻松愉快的学习气氛。良好的人际关系可以使学生产生积极向上的情绪状态。师生间的情感交流、同学间的互助友爱都对学生调节心理平衡、减轻焦虑情绪有着积极的作用。

(五)养成良好的学习习惯

习惯是在反复实践和练习的基础上形成的一种较为稳定的行为特征,既能促进人的成长,也能阻碍人的成长。就大学生来说,只有形成良好的学习习惯,才可能养成健康的学习心理,获得较好的学习效果。在对大学生的良好学习习惯进行培养时,可具体从以下几个方面着手。

1. 善于观察的习惯

依靠观察,大学生可以更好地对客观事物进行认知。同时,大学生在获取知识时,最为基本的一个途径便是观察。因此,对于大学生来说,养成善于观察的习惯、掌握观察的有效方法、形成敏锐的观察能力是十分必要的。

2. 归纳总结的习惯

在大学的学习中,很多知识并不是集中的、有机联系在一起的,而要想将这些知识形成一个有机的整体,就需要借助归纳总结。因此,大学生在学习的过程中要注意养成归纳总结的习惯。

3. 自学的习惯

在大学的学习中,学习的真正主体变成了学生。同时,大学生在获取知识时,可以依赖的最主要途径便是自学;大学生在遇到学习问题时,也主要靠自己去解决。因此,对于大学生来说,养成良好的自学习惯是十分重要的。

4. 勤于反思的习惯

大学生在学习过程中,养成勤于反思的习惯也是十分重要的。只有勤于反思,才能更好地对所学知识进行强化,继而更牢固地掌握知识。

四、大学生记忆障碍的调适

大学生可以通过以下几种方式来调适记忆障碍。

（一）重视科学的复习方法

第一，及时复习。复习是避免与减少遗忘的重要手段。
第二，坚持复习。新学的知识除及时复习外，还要坚持复习。
第三，复习方法多样化。复习不是简单地重复，每次复习都应该有新的角度、高度，不是简单地死记硬背，还要把思考、分析、动手结合起来，使复习方法多样化。

（二）遵守记忆规律，提高记忆效率

第一，大学生要掌握自己的记忆规律，安排好记忆内容。
第二，大学生要有明确的记忆目的和强烈的动机。
第三，大学生要认真选择记忆内容，恰当组织记忆材料，充分利用理解记忆。
第四，采取积极独立的活动方式，使识记客体成为活动对象或结果，运用多种感官，使多种分析器共同活动，从而建立起广泛的神经联系，取得较好记忆效果。同时，将学过的知识及时运用到实际活动中，在实际参与中更好地理解学习材料，不仅记得快，而且记得更牢固、持久。

（三）培养浓厚的学习兴趣、愉快的情绪

浓厚的学习兴趣以及愉快的情绪可以集中人的注意力，使思维更清晰，对事物印象深刻，从而提高记忆效果。反之，消极情绪、精神紧张容易引起大脑皮层相应区域的抑制，难以建立广泛的神经联系，导致记忆减退。

(四)合理利用时间记忆

大学生在学习过程中,要想获得良好的学习效果,还需要合理利用时间来记忆。具体来说,大学生在管理自己的学习时间时应特别注意以下几个方面。

第一,要充分利用记忆的"黄金时间",即人的精力最充沛、注意力最集中、学习效率最高的那段时间。"黄金时间"对于不同的个体来说是有一定的差异的,有人可能在早上,有人可能在晚上。

第二,要提高单位时间的利用率,以便记忆效率能够得到提高。

第三,要善于利用零星的时间进行记忆。

五、大学生注意力不集中的调适

对大学生注意力不集中的调适要从以下几个方面进行。

(一)锻炼意志

注意力是一个人意志的一种表现。大学生在日常生活中要注意培养集中注意力学习的良好行为习惯,培养克服困难及挫折的毅力,逐步增强自我控制的能力,培养自律性人格,增强集中注意力的自觉性。

(二)明确并合理设置目标

大学生的学习目标不仅要明确,而且要设置合理,要从客观实际出发,把目标建立在切实可行的基础上,具体可从以下几点入手。

1. 分析实际

分析实际时需要考虑四个因素,即本专业的总体培养要求、各专业课基本要求及特点、自己现有的知识基础、可利用的时间和精力。

2. 确定目标

目标对动机起引导、激发和维持作用。大学生可以根据当前社会对人才的要求以及自己的实际需要来制定自己的目标,具体做到以下几点。

第一,对自己有比较正确的认识。每个大学生只有在充分了解自己的智力水平、学习风格、个性特征、情感特征等的基础上,才能建立正确的自我概念,才能清晰、科学地明确自己的学习目标。

第二,从实际出发。目标定位要准确,太高的目标难以激发学习热情和学习动力,得不到自己和他人的认同;太低的目标则容易影响自己的自信心和自我评价的能力。

第三,突出重点。所谓重点,一是指专业知识体系中的重要学习内容,二是指自己学习中的弱势学科,三是指自己觉得应该列入重点的学习目标。

第四,具体化。大学生应该具备将大目标分解为具体目标的能力,如具体的课程、内容、时间和要求等。目标越具体,越容易获得信息反馈,越便于对照检查和调整修订。

第五,排除困难和干扰。大学生明确学习目标后,就要把自己的行为置于目标中。为了实现学习目标,要排除一切困难和干扰。

总之,目标是学习的方向和动力,是制订学习计划的依据,是评价学习效果的标准。

(三)制订明确的学习计划

大学生要克服注意力不集中的问题,还要制订明确的学习计划,对此应特别注意以下几个方面。

第一,制订的学习计划要与自身的生理特点、学习习惯、所处的学习环境等相符合。

第二,制订的学习计划要全面且要由浅入深,并据此对学习内容进行合理安排。

第三,制订的学习计划要留有一定的余地,以便日后根据实际情况进行有效调整。

第四,制订的学习计划要对学习时间进行合理安排,以免产生学习疲劳。

第五,制订的学习计划要切实实施,并在实施过程中保持一定的毅力和耐心,切不可遇到一点困难就放弃。

六、大学生学习疲劳的调适

大学生可以通过以下几种方式来对学习疲劳进行调适。

(一)遵循人体的生物钟节律

人体的各种活动功能会随着时间的推移作规律性的运动。因此,大学生的学习和休息时间的安排应顺应人体生物钟的节律变化。同时,这一变化规律又会因人而异,因此大学生应该研究自身机能工作的规律,合理安排学习与休息的时间。

(二)培养学习兴趣

大量的教育实践证明,学生如果学习兴趣浓厚,学习时心情愉快,即使长时间的学习也不容易产生疲劳感。反之,没有学习兴趣,则很快就会进入疲劳状态。

(三)创设良好的学习环境

学习环境对于个体的学习状态有重要影响,良好的学习环境可以使人心情舒畅,进而保持良好的学习状态。因此,不要在光线过强或过暗的地方学习,避免出现视觉疲劳;不要在有耳噪音的地方学习,避免心烦意乱、焦躁不安;不要在空气污浊的条件下学习,避免胸闷、呼吸困难。

（四）科学用脑

科学用脑应做到以下几个方面：合理安排用脑时间，优化大脑的信息储存，及时转移大脑兴奋中心，理解和记忆交替进行，劳逸必须适当结合，注意大脑的营养。

（五）适当运动

大学生平时也要加强运动，多进行体育锻炼，使脑力劳动和体力劳动交替进行，这样有助于血液循环，可以在一定程度上消除大脑和肌体的疲劳。

七、大学生考试焦虑的调适

大学生可以通过以下几种手段对考试焦虑进行调适。

（一）充分做好考试准备

无论多么重要的考试，其本质都是对所学知识和相关能力的检验，如果大学生掌握了这些知识，具备了相应的能力，在考试时就能够胸有成竹、不慌不乱。可见，充分做好考试准备是避免产生考试过度焦虑的根本途径。

考试准备包括知识与能力准备、心理准备、细节准备、身体准备。

知识与能力准备就是学生要对考试所要求的知识与能力进行自我检查、不断完善的过程。知识与能力准备不仅仅是一遍一遍地看知识、背书，更重要的是要知道哪些知识是掌握了的，哪些是不够熟练的，哪些是根本不会的，并进行针对性的处理。对此，我们不仅要翻开书本进行阅读，还应适时地把书本合上，进行逐个知识点的重现，即在大脑中呈现相关知识点的内容，以此来检查知识的掌握情况。

心理准备是指逐渐塑造自己更加平和的心态。我们可以利用积极的自我暗示,如提示自己,"我的大部分知识点已经掌握了,继续努力,会有收获的""我已经参加了那么多次考试,对考试情景非常熟悉,没什么好怕的"等,树立信心、调节情绪。

细节准备就是要把考试需要的所有证件、文具都提前准备好,牢记考试时间、地点。避免考试当天丢三落四,出现突发事件,如临进考场时发现准考证没带等,产生不必要的心理焦虑。

身体准备是指在备考期间要保持科学的饮食和良好的睡眠,注意劳逸结合,保持身体健康。

(二)用平和的心态面对考试

考试的目的主要就是对前一段时间的学习进行检验,通过检验分析自己在前一段学习中存在哪些不足之处,及时地给予纠正。面对考试,应该用最平和的心态去面对。所谓平和,不是随便、随意,而是在保持适度焦虑、积极准备的基础上,尽量保持平常的状态。另外,大学生要在考前正确地对自我进行评估,包括自己学习和复习的时间、相关知识的掌握程度、考试所需能力的掌握情况等,在此基础上制定出合理的考试目标,使之不会因定位过高而产生额外的压力,增加考试焦虑程度。

(三)寻求专业人员的帮助

如果大学生感到难以克服考试焦虑,应主动寻求心理咨询帮助。心理咨询人员可以通过放松训练、自信训练和系统脱敏等方法来帮助大学生摆脱考试焦虑。

第四节 大学生创造性思维的发展

大学生受到高等教育的影响,创新思维比较活跃,对各种事物充满好奇心和探索欲。个性独立、拥有强烈的好奇心与求知欲的创造型人才正是当今社会最为稀缺的人才。当代大学生作为未来的建设者和接班人,必须要培养自身的创新意识、创新思维,增强自身的创新能力,进而为祖国的发展做出重要的贡献。本节主要对大学生创造性思维的发展途径进行具体分析。

一、重视发散思维能力的培养

发散思维是指人们沿着不同的方向思考,重组眼前的信息和记忆系统中储存的信息,产生大量独特的新思想的思维方式。其通常表现是,当解决某一认知问题的方法和结果不仅限于一种时,个体能想出多种不同的方法去解决问题或给出关于某问题的多种答案。发散思维能力与创造能力关系密切,发散思维能力的提高有助于创造能力的提高。因此,高校要重视发散思维的培养。一般来说,一题多解等发散思维训练能够有效地提高大学生的发散思维能力。

二、重视直觉思维的培养

大学生要培养自己的创新能力,首先要掌握自己的用脑规律,只有这样才能对未知的领域进行大胆的猜想,展开丰富多彩的想象,抓住头脑中出现的新思维、新意念,获得更多的感性认识,然后再上升到理性认识的高度,培养直觉思维创造力,达到创新的目的。

三、重视形象思维的培养

形象思维在大学生进行创新思维中起着重要作用。形象思维能促进个体的自由联想,增强个体的逻辑思维能力。

自由联想能激活大脑细胞,为个体创新提供模型,然后进行比较和鉴别,得到一个可行的方案。它还可以以头脑中已知的理念和认识为媒介去揭示未知的理念与认识,达到创新求异。

四、积极参加科学研究,培养科研能力

许多创造性成果都是科研的结果,因此应当积极参与有关科研活动。通过参加科研活动,可以培养实事求是的科学态度;通过系统的科研训练,可以掌握科研的步骤,为未来从事科研活动打下基础。大学生可以掌握科研的方法,如观察法和调查法、实验法和追因法、经验总结法、比较法、历史法与文献法、统计法与测量法等。高等教育主要是培养具有专业技术的应用型人才,如果能将课堂上所学到的知识直接应用到学生未来所从事的、与社会生产和生活紧密联系的一些科研课题中去,就更能激发学生的学习兴趣,实现教学目标。

五、进行创造教育指导

当前,有些高等院校开设了创造学方面的专门课程以及与专业紧密结合的特色化的创造教育课程,教师队伍中也有热心创造教育的研究者,我们可以通过参加发明创造协会及其活动等方式,接受创造能力的指导和训练。

第五章　大学生人际交往与积极人际关系构建

人是社会性的动物，总是生活在一定的社会关系中，因而需要与其他人产生人际交往。积极的人际交往有助于人形成积极的人格，适应社会的发展；消极的人际交往则会使人产生心理冲突，阻碍其适应社会。因此，大学生必须注重提高自身的人际交往能力，构建健康积极的人际关系。

第一节　人际交往与人际吸引的基本规律

一、人际交往的内涵

（一）人际交往的含义

人际交往是指个体与周围人之间的一种心理和行为的沟通过程，是人类社会活动的重要内容和形式，是人类社会的本质特征。不管愿意与否，每个人都要与其他人发生千丝万缕的联系。明确人际交往概念的含义，划清它与相关概念的界限，完整、准确地把握其实质对于提高人们对人际交往重要意义的认识，开展健康、有益的人际交往活动具有十分重大的意义。

与人际交往这一概念相关的概念有人际沟通、人际关系等。人际沟通是人际交往活动的起点和手段，人们通过沟通实现彼此的交往；而人们在交往之后必定会在情感上产生一定的结果和积淀，从而形成相对稳定的情感纽带，这就是人际关系。与人际沟通、人际关系相比，人际交往更具整体性和强调人们在心理、情感上交流的动态过程。

作为社会关系的总和，人必须要在人际交往中才能生存。人际交往的过程就是信息交流的过程。在这一过程中，人们彼此交流各种思想、观点、情感、态度和意见，并带有很强的目的性。

良好的人际交往是我们追求的目标，但是人与人的关系又常常处于矛盾中，如交往中为利益而产生的摩擦、冲突，造成痛苦、不幸和灾难；交往中因性格、情趣的不协调而发生矛盾，导致人际关系紧张等，这要求我们必须要加深对人际交往的理解，学会与他人进行交往，只有这样我们才能建立起良好的人际关系，化解矛盾，促进沟通。

（二）人际交往的意义

对于任何一个个体而言，人际交往都有着十分重要的意义，具体表现在以下几个方面。

1. 人际交往是个人社会化的起点

每个人的社会化进程是自出生以来就开始了。人一出生就落入了人际交往中，首先依赖父母的照顾，提供他生长所需要的食物、衣着、抚爱、关怀等。与此同时，儿童也接受父母及其他周围人的影响，使自己的行为适合周围环境的需要。因此，从这一角度来看，人际交往是个人社会化的起点。

2. 人际交往是个人获得知识的重要手段

人际交往是获得知识的重要手段，这主要表现在以下几个方面。

第一，在与他人的广泛交往中，随时可吸取对自己的工作、学习和生活有意义、有价值的知识和经验。

第二，在与他人的广泛交往中，可以以别人的长处填补自己的短处。

第三,在与他人的广泛交往中,可以借鉴别人的优势改变自己的劣势。

第四,在与他人的广泛交往中,可以学习他人成功的经验,吸取他人失败的教训。

第五,在与他人的广泛交往中,可以扩充自己的知识积累,发展已有的知识体系,更新思想观念,追踪新鲜信息。

3. 人际交往是个人自我认识的重要途径

人对自己的认识总是以他人为镜,需要通过与别人的比较,把自己的形象反射出来,并加以认识。别人是尊重、喜爱、赞扬你,还是轻蔑、讨厌、疏远你,常常成为认识自我的尺度。从他人对自己的反应、态度和评价中,发现了自己的长处和短处,找到自己恰当的社会位置,从中得到丰富的教育意义,为自我的设计、发展、完善创造了有利条件。离开一定的人际交往,就无法弄清这一点。因此,有必要多方位、多层次、与更多的人交往,与他人有更密切的接触和了解,以吸收更多可靠的信息,更清楚地确定自己的形象,更清楚地知道怎样的行为才最符合自身情况、最有利于自身发展。

4. 人际交往是维持心理健康的基本需要

每个人都需要友谊、爱情,需要别人的认可、支持与合作,需要与他人保持人际关系。人际交往对人的心理健康十分重要。心理学研究证明,环境剥夺即以人为方式造成环境中的感觉经验、外来刺激及社会机会的贫乏,对个体的身心发展都会带来极大的影响。人类母爱的剥夺可造成孩子的智力不足和情绪上的挫折与异常。人本主义心理学研究人的心理需要层次时指出,一个人在生理需要得到满足之后,就会追求更高级的需要,如安全需要、归属与爱的需要、自尊与尊重的需要,这些高级需要都是在人际交往中满足的。如果建立了良好的人际关系,就会产生心理安全感,对人更加信任、宽容。特别是情绪不好的时候,向人倾诉对于心理健康有积极作用。

5.人际交往是社会联系的桥梁

社会是一个有机整体,它的存在与发展离不开信息的传播与反馈,以保证管理机构与执行者及各自内部之间的沟通、联络,这一功能除了正式的传播媒介外,大部分由人际交往来实现。人际交往通过个人间的相互联系、相互影响,把个人联系成各种集体,以实现社会的系统功能。因此,人际交往不但对交往者个人有着重要作用,而且对整个社会都有积极意义。

6.人际交往是获得事业成功的重要保障

戴尔·卡耐基曾说:一个人事业的成功,只有15%是由于他的专业技术,另外85%要靠人际关系和处世的技巧。因此,在我们为某一事业奋斗的过程中,需要努力与他人交往合作。一个人的能力是有限的,且各有其擅长的一面,也有其不擅长的一面,这就需要把各人的知识、专长和经验融合在一起,才有获得成功的希望。为此,只有通过人们的相互交往才能实现。同时,在这一过程中,一个人的能力、才华、品格得以充分表现,从而得到社会的承认、他人的肯定,也获得尊重、友谊、爱情和自信心,达到在社会和群体中自我实现的境界。

(三)人际交往的心理效应

在人际交往中,不同的群体有不同的特点、交往方式。但是,正如每个人都会有人际交往的需求一样,人际交往也遵循着相同的心理效应。具体来说,人际交往的心理效应主要有以下几个。

1.首因效应

首因即第一印象,因此首因效应也可以说是在人际交往中第一印象形成的心理效果。具体来说,首因效应是指"人们首次交往接触时对各自的直觉观察和判断"。[①]

---

① 熊英.大学生心理健康教育与训练[M].北京:高等教育出版社,2012:198.

第一次见面时,交往对象的表情、体态、仪表、服装、谈吐、礼节等使我们形成了第一印象。这种在首因效应作用下形成的第一印象会在相当长的时间里一直影响着人们对交往对象的评价和看法。初次印象是人际交往的基础,是取信于人的出发点。而且,人们往往对第一次见面时的印象记忆深刻,而对后来接触到的因素不太注意甚至忽略。如果第一印象良好,在以后的交往中总倾向于朝积极的方向去理解对方;反之,则容易形成偏见,朝消极的方向去看待对方。因此,在人际交往中应该注意留给他人良好的第一印象。

2. 光环效应

光环效应又叫"晕轮效应",指的是在人际交往中,人们常将对方所具有的某个特性泛化到其他方面的一系列特性上,从局部信息推论形成一个完整印象,并做出全面结论的心理现象。

光环效应对人际交往有很大的影响。多数情况下,光环效应常使人出现"一叶障目不见泰山"的错误,影响理性人际关系的确立。一方面,光环效应可以增加个体的吸引力而助其获得某种成功,我们可以利用光环效应有利的一面,也就是我们在与人交往时应采用先入为主的策略,全面展示自己的优点、掩饰缺点,给他人尽量完美的印象。另一方面,因为光环效应对一个人的不客观评价而对人际交往产生负面影响,也是需要极力避免的。在人际交往中,为了防止光环效应的不利影响,要善于倾听和接受他人的意见,尽量避免感情用事,全面评价他人。

3. 投射效应

投射效应就是"以己论人",即常常以自己的喜好为参照,认为别人与自己具有同样的爱好、个性,以为别人应该知道自己的所想所思等。

投射效应是一种认知心理上的偏差,很容易造成人际交往中的误会和矛盾。我们耳熟能详的"以小人之心度君子之腹"其实就是投射效应的典型写照。当别人的想法或行为与我们不同时,我们习惯用自己的标准去衡量别人，从而认为别人是错的。因此，在人际交往中应该学会辩证地、一分为二地看待自己和他人，严于律己，客观待人，尽量避免以自己的标准去判断他人，在最大限度地克服投射效应的消极作用。

4. 近因效应

近因是指在人际交往中的近期印象形成的心理效果。近因效应指的是人际交往中人们往往对最近获得的印象清晰深刻，会冲淡和破坏过去一直存在的印象。也就是说，在近因效应的影响下，对他人最近、最新的认识占了主体地位，成为影响人际交往的重要因素。比如，平时表现平凡的同学，因为参加一次竞赛获得全国性的奖励，你很有可能就会一扫其平凡的印象，对其刮目相看；相交多年的朋友，在自己的脑海中印象最深的可能就是临别时的情景；朝夕相处的室友最近做了一件有损你们友谊的事情，当提起他的时候，你很可能就只记得他的坏处，完全忘了他曾经的好等，这一切都是近因效应的影响。

需要特别指出的一点是，首因效应与近因效应不是对立的，而是一个问题的两个方面。首因效应在人际交往双方彼此生疏的阶段特别重要，但随着双方了解的加深，近因效应就开始发挥作用了。也就是说，在对陌生人的认知中，首因效应比较明显；而在对熟识的人的认知中，近因效应则比较明显。

5. 刻板效应

刻板效应是指人们对于某一类事物或人物形成一种比较固定、概括和笼统的看法，并认为所有的这类事物或人物都具有这些特性。比如，我们一般倾向于认为北方人性情豪爽，胆大正直；南方人聪明伶俐，随机应变；而商人常被认为奸诈，即所谓的"无商不奸"。

刻板印象常常是许多人在不知不觉中产生的，会对人际交往带来不同程度的影响。在人际交往中，刻板效应的作用有积极和消极之分。积极作用在于它简化了人们的认知过程，因为当人们了解某类人的特征时,就相对容易推断这类人的个体特征;消极作用在于常使人戴有色眼镜看人,产生认知上的错觉,忽视交往对象可能具有共性的同时,还具有自己独特的个性。

二、人际吸引的规律

人际吸引存在一定的规律,概括来说其主要包括以下几个方面。

(一)接近吸引规律

在人际交往过程中,当交往双方在兴趣、态度、职业、背景等诸多方面存在相似性或接近性时,双方更容易彼此吸引,进而建立良好的人际关系。这实际上也就是我国古语中所说的"物以类聚,人以群分"。因此,在人际交往的过程中,应尽量选择一些双方感兴趣的话题,努力寻找双方的接近点和共鸣点,以促进双方的人际交往。

(二)对等吸引规律

根据心理学研究,人们最喜欢那些随着交往的深入而越加喜欢自己的人,最讨厌那些随着交往的深入而越加讨厌自己的人,这实际上也是由人际交往的对等吸引规律引起的,即真心喜欢别人的人也会被喜欢对象所喜欢和欢迎,而讨厌别人的人也会被讨厌对象所讨厌和拒绝,因此在人际交往过程中,要想收获一份真诚的人际关系,首先必须用真诚的态度去对待别人。

(三)诱发吸引规律

在人际交往的过程中,如果出现某些能够正向刺激对方的诱因,则很容易引起对方的注意和交往兴趣,从而有利于交往双方建立人际关系。一般情况下,这些正向的诱因包括得体的装扮、漂亮的容颜、风趣的谈吐、幽默的言语等。但这里需要注意的是,假如这些诱发因素是有准备的前置因素,就必须注意恰当、含蓄、自然，否则可能会带来负面效应。

(四)互惠吸引规律

心理学的研究发现，人都有追求奖赏、幸福而避免惩罚、痛苦的心理需求。人们对乐观开朗、助人为乐、富于幽默感、有进取精神的人常常存在倾慕之情。因为与这种人相处，能给人带来欢乐。对具有相反性格的人，一般来说较为嫌弃。如果交往的双方能够给对方带来知识的、生理的、心理的和政治的收益，就能增加相互间的吸引，换句话来说就是双方都会因为可以获得愉悦感而进行交往。

(五)光环吸引规律

在人际交往的过程中，一个人假如在能力、特长、品质方面比较突出，或者具有较高的社会知名度，那么这些积极特征就会像光环一样产生一种晕轮效应，让他人认为他的一切品质都很有魅力，从而愿意与他交往。

(六)互补吸引规律

互补的范围包括能力特长、人格特征、需要利益、思想观点等多个方面。当双方的个性或需要及满足需要的途径正好为互补关系时，就会产生强烈的吸引力。这是因为人们都有要求自我完善的倾向，当个人无法实现这种要求时，便会从他人身上获得补偿，以达到满足个人需要的目的。

第二节 大学生常见人际交往问题分析

大学生由于心理发展还不完全成熟，所以其在人际交往中常常会出现各种问题。概括来说，大学生常见的人际交往问题主要包括以下几个方面。

一、人际冲突

（一）人际冲突的内涵

在大学生的人际关系中，人际冲突是一个十分常见的问题。人际冲突指的是大学生的人际关系不符合大学生群体对其人际关系的基本认识，导致在大学生个体之间出现的人际关系不协调、不适应的现象。

人际冲突不是一种静止的状态，而是一个动态的过程。在这个过程中，冲突双方的认知、情绪和关系都可能发生变化。大学生产生人际冲突的原因，具体来说有以下两个。

1. 自我中心

自我中心是一种个性特征，自我中心者为人处事以自己的需要和兴趣为中心，只关心自己的利益得失，不考虑别人的兴趣和利益，完全从自己的角度以自己的经验去认识和解决问题，似乎自己的认识和态度就是他人的认识和态度，而且他们固执己见，不容易改变自己的态度，盲目地坚持自己的意见。自我中心者在心中建立起自负这样一种虚假的自尊，要求别人必须服从自己，必须满足自己，这种做法明显违背了人际交往的平等互利原则，任何人都不愿意建立或保持这种人际交往的不平衡。由于这种不平衡的人际交往不能建立，自我中心者虚假的自尊需要也无法得到满足，这必然导致人际关系的冲突。

2. 情绪调控力差

情绪调控力是情商的重要组成部分，是建立和维护良好人际关系的重要保证。情绪调控力好的大学生在出现人际关系不和谐时，能很好地控制自己的情绪，及时调节和引导人际交往向自己希望的方向发展；情绪调控力差的大学生则刚好相反，出现人际关系不和谐时则往往控制不住自己的情绪,使得人际关系向本不应该发展的方向发展,使人际关系不和谐变为人际冲突。

(二)人际冲突的调节

大学生在与他人产生了人际冲突后,需要采取必要的措施进行有效调节。

大学生在调剂人际冲突时,应遵循一定的原则:一是保持冷静,二是求同存异,三是积极沟通。此外,大学生在调剂人际冲突时,还应遵循一定的步骤,具体如下。

第一,相信一切冲突都是可以理性而建设性地获得解决。

第二,客观地了解冲突的原因。

第三,具体地描述冲突。

第四,向别人核对自己有关冲突的观念是否客观。

第五,提出可能的解决冲突的方法。

第六,对提出的办法逐一进行评价,筛选出最佳的解决途径,最佳方法必须对双方都最有益。

第七,尝试使用选择出的最佳方法。

第八,评估实现最佳方案的实际效应,并按照给双方带来最大利益和有利于良好人际关系维持的原则给予修正。

二、交往恐惧

(一)交往恐惧的内涵

恐惧是个体在面对情境并企图摆脱而又无能为力时才产生的情感体验。交往恐惧感是指在社交时出现的一种带有恐惧色彩的情绪体验,如见生人害羞、脸红,说活紧张,怯与人交往,甚至显得有些神经质。

交往恐惧也是大学生中比较常见的一种人际交往问题。有交往恐惧的大学生不敢与人交往,担心自己不会说话,担心被别人瞧不起,担心自己的表情不自然。总之,交往恐惧的大学生不敢面对别人,不敢在大庭广众之下说话发言,不敢与他人积极交往,对人际交往充满恐惧。

大学生交往恐惧的产生原因,具体来说有以下几个。

第一,气质原因,如有一些抑郁型气质的人,从一开始就常常表现出交往恐惧。

第二,与人交往机会少。由于实际机会少的原因,大学生一直处于求学状态,与人交往的机会较少,从而出现交往恐惧。

第三,由于自我保护意识过强,从而出现交往恐惧。

(二)交往恐惧的调节

对于大学生来说,要克服交往恐惧感,可从以下几个方面着手。

1. 了解个性

不良的个性常常也是人际交往恐惧感的罪魁祸首,而且它还是交往恐惧感得以存在和蔓延的前提。因此,了解自己个性中的不良倾向,有针对性地加以改善,是克服人际交往恐惧感的根本途径。

2. 消除自卑

对自己应有正确的认识,过于自尊和盲目自卑都没有必要,事事处处得体,求全责备也是没有必要的。可以暗示自己:我只不过是集体中的一分子,谁也不会专门盯着我。摆脱那种过多考虑别人评价的思考方式,要记住:我并不比别人差,别人也不过如此,以此来增加自信。

3. 主动参与

大学生要明确人际交往是必不可少的生活技能,要督促甚至强迫自己行动起来,积极参与与人交往的活动,在活动的实践中培养和提高与人交往的能力。

4. 寻找恐惧的原因

有的人可能因曾经被讥笑过、讽刺过、怒骂过而产生交往恐惧感,这时要首先找出交往恐惧的真正原因,有针对性地进行人际交往挫折的教育与锻炼,提高心理承受能力,克服交往恐惧感。

三、沟通不良

(一)沟通不良的内涵

在大学生的人际关系问题中,沟通不良是不容忽视的一个方面。沟通不良严重影响了大学生人际交往的顺利进行。沟通不良与缺乏相关的人际沟通技巧有关,许多大学生不知道在何种情况下应该采取何种沟通方式与他人沟通。据调查,大学生人际沟通存在三种情况。

第一,我行我素,从不与人沟通。

第二,虽有良好的沟通愿望,却不知道如何与他人沟通,因而在沟通时往往不能采取正确的方法与他人进行沟通。

第三,通过自己的主动学习掌握相应的沟通技巧,使自己的人际交往技能不断提高,人际关系不断地向良性方向发展。

这三种情况中的前两种都必然会导致大学生的沟通不良。因此,提高大学生人际交往能力,增强大学生人际适应,要将提高沟通能力作为培养和教育的重点。

(二)沟通不良的调节

具体来说,大学生可以利用的解决沟通不良的交往技巧有以下几个。

1. 学会聆听

聆听就是在大学生的人际交往中,专心听取对方讲话,适时给予对方回应的方法和技巧。在聆听时要注意以下几点。

第一,要认真地听。对对方所说的话要认真地听,在倾听过程中要身心专注,不插别的话题,一边听,一边品味。不能东张西望,或者"顾左右而言他"。

第二,不要随便打断别人的话。打断别人的话是一种不礼貌的行为,也是缺乏个人修养的表现,因此在倾听时要切忌打断别人的话。否则,会让别人觉得很扫兴,也会使对方觉得没有受到足够的尊重。

第三,要积极反馈,适当提问。倾听并不等于一句话也不说,在适当的时候要积极反馈,这是倾听的重要组成部分。适当提问可以增进自己对对方所谈及内容的理解,但提问时要尽量避免干涉性或盘问式的提问。

2. 学会交谈

交往常常从交谈开始,不善交谈的人,往往感到难以与人交往,发展友谊。大学生在交谈时要注意以下几点。

第一,交谈时说话注意场合。

第二,交谈时态度要诚恳、适度,不可过于恭维或过于傲慢。

第三,谈话要注意用词的准确和通俗,语言自然流利,显示善意。

第四,交谈时要注意礼貌。不宜自己滔滔不绝,不给对方讲话的机会;不宜心不在焉或东张西望、做小动作,目光要注视对方等。

第五,可根据谈话内容运用手势、身姿、表情等来表达自己的思想感情,但要恰到好处,不可过于频繁,更不能手舞足蹈。

第六,尽量不说对方没兴趣的话题,若对方说的话题自己没有兴趣,可巧妙地转移话题,不宜直截了当地用语言、表情或动作表示没兴趣。

四、交往戒备

(一)交往戒备的内涵

交往戒备是指大学生在人际交往过程中,由于某些消极心理因素的影响而形成的不切实际的固执的心理偏见,是另一种常见的大学生人际关系问题。俗话说"害人之心不可有,防人之心不可无",在形形色色的人群中,不乏极少数的虚情假意之人,如果我们抛出了一颗真心却遭到欺骗,造成精神上的损失,这自然是得不偿失的。因此,适当的戒备是应该的,具有一定的戒备心理也是个体心理成熟的标志之一。但是,戒备心理过重,则往往会影响到正常的人际交往。戒备心理过重,说明你对他人的信任度不够,不能够充分相信他人。人际交往尤其是大学生的人际交往是建立在平等互信的基础上的,少了基本的信任,交往自然无法继续下去。由于对人际交往强烈的戒备,害怕别人在与自己的交往过程中获得某种利益,或自己损失某些利益,不敢与他人进行积极的交往,对人际交往充满恐惧。

(二)交往戒备的调节

在人际交往中,适当的戒备是必需的,但过分的戒备心理则往往会对大学生的人际交往造成不利的影响。因此,必须想办法调节自己,尽力克服戒备心理带来的不利影响。具体来说,大学生可以通过以下几个措施来调节自己的交往戒备心理。

1. 要对戒备心理有正确的认知

了解戒备和多疑对个体人际关系的负面影响:由于对他人过分怀疑和戒备,不能以真心与他人交往,在碰到需要与他人交往的情境时,往往顾虑重重,产生交往恐惧。有强烈戒备心理的人往往不够自信,害怕别人对自己指责,害怕别人在与自己的交往过程中获得某种利益,不能坚持公平互惠原则,不能形成良好的人际关系。

2.要培养自己的自信心

戒备是自信心不足的一种表现形式,因为自信心不足,不相信自己能够保护自己、能够与人友好相处、能够与别人建立良好的人际关系,自然会忧心忡忡,左担心、右戒备。只有充满信心地与人进行交往,才不会过分地担心别人对自己别有企图,才不会对交往充满恐惧。

3.要积极参加集体活动

在人际交往过程中,人们由于受到主客观条件的限制,往往难以全面地看问题,常常因各种偏见的影响而造成歪曲的人际知觉,形成交往戒备心理。因此,大学生多参加集体活动,彼此多交往,积极沟通思想,增进相互了解,澄清事实,是消除交往戒备心理的有效方法。

4.要学会适当地自我暴露

人们常常喜欢与自己比较了解的人交往。社会心理学的研究表明,交往双方心理的公开区域越多,则其交往越深入。因此,适当地自我暴露,坦诚地向交往对象透露自己的某些秘密,可以促进良好的人际关系的形成,也可以使自己的戒备心理在一定程度上得以缓解。然而,也不是暴露得越多越好。如果把自己的一切暴露无遗,反而会让对方小看自己,从而阻碍人与人之间的交往。一般而言,在进行自我暴露时,应注意遵循两条原则。

第一,自我暴露的安全律,即与人初交不宜暴露过多、过深,只进行浅表层次的自我情况的介绍。

第二,自我暴露的对等律,即自我暴露的层次应与交往对象自我暴露的层次基本持平,逐渐深化双方关系,不能不等对方做出相应反应就彻底地将自己暴露无遗。

五、网络环境对大学生人际交往的影响及对策分析

随着网络飞速发展,网民的数量也在不断增多,其中大学生占有较大的比重,网络的飞速发展在带给人们便利的同时给人们带来了一些消极的影响。随着大学生生理和心理的日益成熟,他们更加渴望社交,再加上大学生可自由支配的时间较多,选择在网络环境下进行人际交往也成了一种主要的发展趋势。因此,如何引导大学生规避网络消极影响,正确利用网络平台进行社交就显得非常重要。

(一)网络环境对大学生人际交往产生的负面影响分析

1. 大学生对网络进行交往具有依赖性

随着网络媒体的发展,大学生人际沟通和交往的方式也在发生着改变,更多学生选择在网络媒体这一平台中进行人际沟通,并产生了很强的依赖性,主要体现在以下几点。

(1)随着生理和心理的成熟,更加渴望社交

大学生所处的年龄阶段比较特殊,他们的生理以及心理在朝着成熟的方向发展,他们精力充沛,好奇心强,再加上很多的大学生是独生子女,渴望得到他人的关心与爱护,所以在网络环境下进行人际交往的愿望较为强烈。

(2)大学可供自由支配的时间较多

大学的学习阶段并不像高中学习阶段那样紧张,课程相对较少,并且课程安排较为分散,学生还能够自主选择所要学习的课程,这就增加了大学生可供自由支配的时间。调查显示,很多大学生业余时间的主要精力都放在了网络平台上。

(3)人际交往环境具有特殊性

大学生活基本都是从家庭这一较为私密的生活空间转移到学校这一个相对开放和自由的校园生活空间,很多学生表现出不

第五章　大学生人际交往与积极人际关系构建

适应及人际交往的困难,根据对部分大学生的问卷调查显示,有相当一部分学生在大学期间会出现人际交往困难或者人际交往困扰的情况,这些学生更多会选择逃避现实人际交往,转而依赖网络平台进行沟通和交流。

学者李婷婷对网络环境下的大学生人际交往关系困扰状况进行了调查,具体如表 5-1 所示。

表 5-1　大学生人际交往关系困扰状况[①]

选项	人数	百分比	累计百分比
难以适应	1 620	13.30%	13.30%
还好	6 784	55.78%	69.07%
正常	2 785	22.89%	91.02%
没有	956	7.65%	100%

以上三点内容都是造成大学生对于网络依赖的主要原因,再加上当前计算机技术的飞速发展,一些不良诱惑也存在于网络交往中,使得大学生对网络的依赖性更强。

2. 网络平台降低了大学生人际交往的主动性

大学生所处的年龄阶段比较特殊,他们的生活阅历较为缺乏,再加上大部分学生思想不够成熟,导致很多学生人生观以及世界观和价值观的树立很容易受到网络媒体环境的影响。由于网络媒体这一平台具有开放以及隐匿的特点,也呈现出虚拟性这一特点,就导致网络媒体平台中出现各式各样的信息,包括很多虚假信息和消极言论,甚至很多人会利用网络媒体平台具有隐匿性这一特点在网络环境下运用多重身份与他人进行沟通交流,导致网络媒体社交平台缺少真实性,很多大学生缺乏明辨是非的能力,很容易在网络媒体平台中受到欺骗,甚至出现校园恶性事件。很多受到影响的大学生在人际交往过程中会出现不信任或者猜疑的心理,大学生出现的这些消极心理不利于其树立正确的价值

---

① 李婷婷.网络环境下大学生人际交往的影响及对策研究[J].当代教研论丛,2019（4）：5-6.

观念,导致了大学生进行人际交往的主动性大大降低。

3. 网络平台减少了大学生人际交往的责任感

网络具有开放性这一显著的特点,网民能够通过网络获取来自全国各地乃至全世界的新闻信息,当然网民也能够在网络媒体这一平台中发表一些自己的言论,每个网民在网络媒体这一平台中都是平等的,也是自由的,因此所发表的言论信息有些是积极的,也会有消极的言论或者不当言论的出现,大学生在网络环境下进行人际交往,很容易就会受到消极或者不正当言论的影响,产生消极的思想,而且根据调查问卷的结果显示,58.19%的大学生只会关注自己感兴趣的事情,在网络上一些不负责任的言语出现严重降低了大学生人际交往的责任感。另外,很多大学生在运用网络的时候常常会因为网络媒体平台具有隐匿性这一特点,受到利益的驱使,利用网络这一媒体平台做一些违反网络规章甚至违反法律法规的事情,大学生运用网络媒体平台做的这些事情不但不利于营造良好的网络环境,还会对大学生身心健康发展带来消极的影响。

通过以上所述我们能够总结出,网络环境对大学生人际交往有着一定的负面影响,主要体现为依赖性较强,而且因为网络交往具有隐蔽性的特点,一些大学生深陷其中,致使自己的责任感降低,而且随着近些年网络的进一步发展,网络上出现了各种各样的交友平台,大学生由于涉世未深非常容易上当受骗,使得自身的利益受到了严重的损害。

(二)网络环境给大学生人际交往带来的机遇

1. 扩大了大学生的交友范围

网络媒体在不断发展的同时,网络媒体的使用人数也在不断增多,大学生在网络环境下进行人际交往能够认识不同领域、不同知识层次的人,能够扩大自己的交友范围。另外,网络媒体平台中与他人进行交流沟通的方式也有很多,可以采用语音通话或者在线视听等方式,随着互联网的广泛覆盖,这些沟通方式的成本都较低,因此大学生在网络环境下进行人际交往,不但能够使自己的交友范围得到巩固以及扩大,还能够使自己的交友成本降到最低。

2. 促进了大学生各种角色的转变

网络环境下大学生进行人际交往所呈现出的形象具有抽象性,并不像平时生活中所呈现出的固定性形象,所以大学生很容易会在网络媒体环境下不自觉地扮演不同的角色,所以说大学生在网络媒体环境下进行人际交往促进了大学生角色的转变。

3. 使大学生的人际交往变得便捷高效,更加关注本质

网络媒体的飞快发展与其具有便捷性这一特点有着紧密的联系,因此大学生在网络环境下进行人际交往也能够使自己与他人交往的过程更加便捷、更加高效。由于网络媒体具有隐匿性这一特点,人们在网络媒体这一平台中所呈现出的形象是抽象的,体现出的是一个人的内在本质,学生在这一平台下与他人进行交往,不像日常生活中进行人际交往那样更加关注交往对象的外在形象,在这一平台下进行交往更多的是关注交往对象的内在本质。

(三)网络环境下正确引导大学生进行人际交往的对策

1. 加强网络安全教育

引导大学生在网络环境下正确进行人际交往,首先就要加强对大学生网络安全教育。有关调查显示,很多大学生会在网络社交平台中上传自己的真实照片等私密信息,学生这样做有可能导致自己的个人隐私被泄露,后果不堪设想,这些现象出现的主要原因就是大学生没有足够的网络安全意识,所以高校应加强网络安全教育,让学生在网络环境下进行人际交往的过程中保持谨慎。

2. 加强网络道德教育

加强对大学生网络道德教育与加强对大学生网络安全教育同等重要,每个人都有言论自由,能够在网络媒体平台中发表自己的言论,但是网络媒体平台中不但有积极的言论,还有消极的言论,网上一些不当的言论也深深误导着大学生,甚至还有一些违反网络道德的言论出现,散布这些言论的人有社会人士,当然也不能排除有大学生的存在,因此加强对大学生的网络道德教育就显得非常重要,加强对大学生的网络道德教育就要告诫学生在网络媒体平台下进行人际交往的过程中要自觉地抵制不良信息,并做到不散播不良信息,加强网络道德教育,从而形成一个良好的网络社交环境。

3. 帮助大学生树立坚强的网络意志

虽然我国网络媒体在飞速发展,但是我国网络法规并不完善,由于大学生所处的年龄阶段比较特殊,他们属于较为脆弱的群体,其网络意志很容易受到网络媒体平台中消极因素的影响。因此,高校教育工作者及专职辅导员要引导学生在面对网络诱惑的时候保持清醒的头脑以及坚强的意志。

4. 对大学生进行心理健康疏导

对大学生进行心理健康疏导是网络环境下引导学生正确进行人际交往的必要举措,学生具有健康的心理才能够更好地在网络媒体平台中与他人进行交流沟通,或者我们可以说健康的心理是学生在网络环境下进行人际交往的重要前提,所以高校要给予大学生心理素质教育更高的关注,有必要安排优秀的心理咨询师对大学生进行心理健康疏导,帮助大学生养成健康的人际交往心理。

第三节　大学生人际交往的原则与技巧

一、大学生人际交往的原则

对于大学生来说,只有在人际交往中切实遵循人际交往原则,才可能与他人建立起良好的人际关系。具体来说,大学生需要遵守的人际交往原则有以下几个。

（一）主动原则

我们在交往中总是期待别人接纳自己、喜欢自己。你要别人爱你,你就得给别人以理由。坚持主动原则,给别人爱你的理由,就是你先要接纳别人,先要爱别人。你肯播撒爱的种子,才能有爱的收获。

（二）自立原则

在人际交往上,要防止人际依赖。面对新生活要坚持自强自立。因为新的一段人生旅程到底要靠自己走。

大学生活伊始,对广大学子而言,首要的任务是尽快适应大学生活的新变化。但学子们在适应大学生活的过程中,出现问题是不可避免的,做好心理预防,可缩短适应期,使学习早日走上正轨,更有利于自身的健康成长。

（三）平等原则

平等是交往的基础,是建立良好人际关系的前提。平等本身的含义是广泛的,包含政治、经济、法律等各个方面。

交往中的平等主要是指一种精神和人格上的平等。在实际生活中,交往双方在政治、经济、文化、社会地位都是很难完全平等的。也就是说,在现实生活中,交往双方存在很多不平等因素。这些不平等因素往往给交往带来困难。例如,地位优越者往往轻视地位较低者,带有居高临下和盛气凌人的心理;地位较低者难免自卑,有一种不敢高攀的心理,这就使交往出现障碍。因此,面对一些客观存在的不平等因素,首先要保持心理上、人格上的平等。人格平等意味着一种独立,双方没有人身依附关系,重视他人的人格和价值,承认他人在人际交往中的平等地位;人格平等意味着一种尊重,既尊重自己也尊重别人。尊重能带来良性反馈,"投我以木桃,报之以琼瑶",温暖了别人的同时温暖了自己。

(四)信用原则

信用原则是指在人际交往中诚实守信、言行一致。我国对交往中的信用原则向来看得很重,如"一言既出,驷马难追""言必行,行必果"等,都强调了信用的重要性。人们最不能容忍的就是别人对自己的欺骗。没有信用,人际交往无法深入,人际关系无法维持和发展。有人认为,在现代社会里,守信用是一种愚蠢。其实不然,现代社会的交往更加广泛,更加追求互利性,因而更加依赖信用的作用。

(五)宽容原则

宽容原则要求我们在交往中要辩证地看待别人,既看到别人的优点,也能容忍别人的缺点。当双方发生矛盾和冲突时,只要不是原则性的大问题,都应抱着豁达大度的心态,"退一步海阔天空",彼此容忍,这样才能保证交往的正常进行。"金无足赤,人无完人",世界上本没有完美的事物,我们不能对人太过于苛求。宽容不是害怕,不是懦弱,不是窝囊,也不是无能。相反,它是一种豁达,一种度量,一种成功交往的必备素质。宽容代表着自信。有的大学生人际关系紧张,根源就在于苛求别人。

（六）距离原则

人都需要一个独享的心理空间,需要一定的心理自由度。所以,虽然你非常渴望友谊,还要注意保持适当距离,保持各自的自由空间。在人际交往方面,这个"度"就表现为各种交际特点与技巧的集合,每一个人都应该掌握这些技巧。

（七）互利原则

互利原则是要求人们在交往中,双方都能得到好处和利益。这种好处可以是物质的,也可以是精神的,还可以是物质和精神兼而有之的。互赠礼品,互相安慰,礼尚往来,投桃报李,互利使人际关系得以维持和发展。如果一方只索取不给予,交往就会中断。互利性越高,交往双方关系就越稳定、密切；相反,互利性越低,交往的双方关系就越疏远。

二、大学生人际交往的技巧

大学生在与他人建立起积极的人际关系时,掌握一些人际交往的技巧是十分重要的,具体来说有以下几个。

（一）主动与他人进行人际交往

在大学里,来自全国各个地方的同学都聚集在一起。在这样的学习与生活环境中,大学生要想不被孤立,就必须学着主动与其他同学打招呼、进行交际。在很多时候,大学生主动地进行交际都能获得对方的回应。

（二）恰当运用语言艺术

人际关系的建立与改善往往深受语言技能的影响。对于大学生来说,其接触到的语言主要有三类：汉语、外语以及与学科有关的科学技术语言。对于这些语言,大学生如能恰当有效地进行运用,将会对其人际关系的建立发挥重大的作用。具体来说,大学生在运用语言艺术时,应特别注意以下几个方面。

第一,把握好说话的分寸,不可对他人造成伤害。

第二,语言表达要简洁、明了,不含糊其辞,以免产生不必要的误解。

第三,说话要注意气氛和场合,以免使对方感到尴尬。同时,要学会适当运用幽默,以缓解人际交往中自身的紧张以及尴尬的氛围。

第四,要在交谈过程中给对方发表意见的机会,同时在对方谈话时要注意倾听、不随意打断。

（三）学会倾听

倾听是一门艺术。倾听不仅仅是凭借听觉器官听说话者的言辞,还需要全身心地去感受对方在谈话过程中所表达的言语信息和非言语信息。在人际关系的改善中,学会倾听他人谈话具有十分重要的作用。

如果能够耐心倾听对方的谈话,就会在无形之中提高对方的自尊心,就会使对方增加对你的信任感,进而加深彼此的感情。但是,如果对方还没有把话讲完,倾听者就表现出不耐烦的态度,就很容易使对方的自尊心受挫,对双方之间的交往造成消极影响。可见,越是善于倾听他人意见的人,人际关系就越融洽。在谈话中,要想做好"倾听",应注意以下几种倾听方式。

第一,耐心倾听。倾听时,耐心非常重要。不要表现出不耐烦的神色;要精神集中,表情专注,不东张西望,心不在焉;不要做出一些不礼貌的动作。

第二,虚心倾听。即使对方说错了,也不要得理不饶人和进行不必要的争辩,这样会打乱亲切和谐的交往气氛。

第三,会心倾听。听人谈话,不只是在被动地接受,倾听者还应该主动地反馈,反馈时要做出会心的呼应。所谓会心,就是领会诉说者没有明白表示的意思。在交谈时,要注意与对方经常交流目光,要时而赞许性地点头,时而用"哦""是这样的"等言辞来表示你在注意倾听,以鼓励对方继续讲下去。

(四)常常换位思考

换位思考对人际交往具有很大的影响,在交际的过程中,假如大学生能够经常站在对方的立场上,思考假如自己在他的位置上应该以什么角度和方式去理解和处理问题,就能够切身体会到对方的不易,也能够理解对方的所作所为,而这种理解能够加深双方之间的感情融合度,从而增加彼此之间的人际关系。因此,在现实情况下,我们发现善于交际的大学生,往往能够发现别人的优点,尊重他人、信任他人、宽容他人,能够经常站在别人的位置上去思考,因而能够容忍他人有不同的观点和行为,不斤斤计较他人的过失,并会在可能的范围内帮助他人。他懂得"己所不欲,勿施于人""将心比心""推己及人"的道理,因而也不会强求别人按照自己的想法去做事,从而做到了和而不同,人际交往自然也不会差。

(五)合理运用非语言表达方式

作为一种游离于语言之外的表达方式和手段,非语言表达方式能够产生有别于语言表达方式的效果,若大学生能够合理运用非语言表达方式,便能够为人际交往增色不少。一般情况下,常见的非语言表达方式包括以下几种。

1. 微笑

卡耐基曾说:"你的笑容就是你好意的信差。"的确,微笑能够体现出个体的自信、友善和良好的修养,是沟通的桥梁和友好的信号,也是世界各族人民普遍认可的常规表情。在人际交往的过程中,合理地使用微笑往往能够淡化矛盾、打破僵局、消除误解,为双方的交往奠定良好的基础。但在这里需要注意的是,微笑应是真诚的、发自内心的,只有这样的微笑才能给人温暖的感觉,也才能促进人际关系的和谐。虚假的、不真诚的微笑会让对方感到虚伪,从而对人际交往产生不良影响。

2. 眼神

俗话说,"眼睛是心灵的窗户"。在人际交往中,眼神能够表达出许多潜在的含义,如眨眼睛表示不敢相信或惊讶的意思,眼睛上扬传达惊怒的心情,挤眼睛表示两人间存有不为外人知道的事情,斜眼瞟人传达着羞怯腼腆的信息,眼神闪烁不定表示心虚或隐藏了什么事情,眼睛往下垂含有轻视对方之意。大学生在人际交往的过程中,可通过不同眼神来传达自己的意思、态度,或表达某种情感,也可用作提示、告诫。但在此过程中,大学生应注意不可在社交场合表现出不礼貌的眼神,以免影响正常的交际。

3. 身体语言

研究显示,尽管语言沟通是人际交往的主要方式,但55%以上的信息交流是通过身体语言完成的,并且有的身体语言可以取得语言交流所无法获得的效果。然而,身体语言虽然能够在一定情境下帮助人们传达某些意思、想法、态度等,但这些身体语言所传达的信息需要通过主观的感知、理解才能领会,这就要求人们能够理解各种身体语言所传达的含义。对于大学生而言,合理运用身体语言可从以下两个方面入手。

(1)能够领会别人的身体语言的含义

在人际交往的过程中,人们常常会表露出一些身体语言,大学生必须能够领会这些身体语言的含义。例如,当大学生前往别人家做客时,发现主人经常会出现一些肢体动作,像聊天不专心或者频繁看手表等,说明主人还有别的事情要做,大学生应尽快告辞。再如,当与别人交谈时,他的身体总是倾向于和大学生接近,甚至会有意无意地侵入到大学生的个人空间,或者允许大学生侵入到他自己的个人空间,说明他对大学生的接纳程度很高,并且很希望能够和大学生发展进一步的关系。

（2）分析并掌握自己的身体语言，对不合理的身体语言及时调整

每个人都有自己的身体语言，这些身体语言有的有助于人际交往，有的不利于人际交往。大学生要想获得人际交往的成功，提高自己的人际交往能力，就必须了解自己的身体语言，掌握自己身体各部位经常出现的身体语言，如高兴时咧嘴笑、着急时搓衣服角、不耐烦时抖腿、紧张时发抖等。在掌握了自己常出现的身体语言后，对不利于人际交往的身体语言进行有意识的修正和调整，从而强化自己的身体语言对人际交往的正向作用。

（六）学会拒绝

中国文化中有一种优良的传统，即"好人"，这种好人多指的是那种无怨无悔、从来不拒绝别人的人。然而，在现实生活中，若好人做过了，则会引来得寸进尺的问题。例如，在大学校园中，代替答到的现象屡禁不止，不少学生都会要求去上课的同学帮自己答到，但若这位同学表现出拒绝的意思，便会招致埋怨。因此，在人际交往中，不能一味地顺着别人的想法走，而要在别人的某种观点或行为不符合自己的愿望，或者不能满足自己的需要时，恰当地拒绝他。在拒绝的过程中，大学生必须讲究方式、方法，学会委婉地拒绝、幽默地拒绝。具体来看，常见的合理拒绝方式有以下几种。

1. 婉拒法

这种方法是委婉地向对方表示拒绝，如"哦，是这样，可是我还没有想好，再让我考虑一下吧"。

2. 谢绝法

这种方法是先向对方表示感谢，然后拒绝他，如"对不起，谢谢，这样做可能不合适"。

3. 缓冲法

这种方法是以缓冲的方式拒绝别人,如"关于这件事,让我和家人再商量商量,你也再考虑考虑,好不好"。

4. 幽默法

这种方法是以幽默的方式拒绝别人,如"啊!对不起,我今天还有事,只能当逃兵了"。

5. 回避法

这种方法是先回避对方的要求的一种不直接拒绝的方式,如"今天咱们先不谈这些,还是说说你关心的另一件事吧"。

6. 真情表露法

这种方法是以真诚的语气向对方表示拒绝,如"你的这个方法我是真的很赞成,但我现在心有余而力不足啊"。

7. 不卑不亢法

这种做法是以不卑不亢的语气向对方表示拒绝,如"哦,我明白了,可是你最好找对这件事更感兴趣的人,好吗"。

8. 预测未来法

这种做法是以自己做某件事未来会失败的方式向对方表示拒绝,如"如果真让我去干这件事,就一定会把这事情搞糟的,你还是找×××,或许他能行"。

第六章 大学生挫折心理与心理韧性提升

在当今复杂多变的社会生活中,人们总是不可避免地会遇到一些困难和挫折,大学生也不例外。有些挫折是能为大学生所承受的,有的则超出了大学生的承受范围,重大的挫折还会破坏大学生的身心平衡。因此,大学生的挫折心理和心理韧性也就成了大学生心理研究中的重要内容。从积极心理学视角来看,要想让大学生获得积极的心理,就必须努力培养他们的抗挫折能力,并不断提升他们的心理韧性。为此,本章就专门围绕这些问题来展开。

第一节 挫折的条件、影响因素及其产生原因分析

一、挫折的条件

挫折是个体在从事有目的的活动过程中,指向目标的行为受到障碍或干扰,致使其动机不能实现,需要无法满足时所产生的情绪状态。它通常是在自我评价倾向性的推动下,根据社会期望、自我抱负水平对自我行为的过程和结果进行评价时产生的。挫折的产生往往依赖于以下几个条件。

第一,有行动动机和明确的行动目标。所谓动机,是推动个体去行动以达到一定目标的内在动力,如果没有一定的动机和目标,那么挫折也就无从谈起。

第二,有满足动机和达到目标的手段或行动。个体遭受挫折

是在他为满足一定的需要、实现预期目标而采取一定的手段或行动时产生的。没有满足需要和达到目标的手段与行动,即使目标再高远,动机再强烈,也不会产生真正的挫折感。

第三,有挫折情境。如果动机和目标能顺利获得满足或实现,那就无所谓挫折了。所以,挫折情境的产生也是重要的条件之一。如果在实际生活中,虽然实现目标的过程中受到阻碍,但通过改变行为,绕过阻碍达到目标,或阻碍虽不能克服但能及时改变目标与行动方向,也不会产生挫折。只有在实现目标的道路上受到切实的阻碍,并且不能逾越时才会形成挫折。例如,有的大学生一进入大学校园就为自己确立考研的目标,但由于各种原因考试没有成功,这样就形成了他的挫折情境。如果这个大学生一开始只是把考研作为一种尝试,那么即使没有考上,也形成不了挫折。

第四,主体必须对挫折情境有知觉。个体在实现目标的行为受到阻碍而产生挫折时,必须有所知觉和认识。如果客观阻碍存在,但个体在主观上并无知觉,那么挫折也不会产生。

第五,主体必须有对知觉产生的紧张状态和情绪反应。个体在受挫后必然伴随着焦虑、恐惧、紧张、愤懑等情绪反应,如果没有,也不构成挫折。

二、挫折的影响因素

挫折的影响因素有很多,以下是最为主要的几个方面。

(一)动机强度

挫折与一个人的需要、动机等因素有密切的关系。动机一旦产生之后便引导个体行为指向目标,但动机产生之后可能遭遇到的结果有四种:一是动机无须特别努力即可达到目标;二是动机的实现可能受到阻碍或延迟,但最终可以达到目标;三是当一种动机正在进行之中,另一种较强大的动机出现,使个体放弃前一动机而选择后一动机；四是动机行为受到干扰和障碍,使个体无法达到目标而感到挫折、沮丧、失意。从上述四种结果来看,只有第四种属于挫折。因而,需要越迫切、动机强度越高,受挫后的挫折感越强。

（二）自我期望值

人们对任何事物的自我期望与现实情况总是存在一定的差距,如果不从实际出发,只考虑主观愿望,人为拉大二者之间的关系,就很容易产生挫折感。可见,自我期望值影响挫折程度。自我期望值越高,挫折感越强烈。有的学生将生活中的不快乐、学业中的失利、失恋等都看作不应当发生的,对大学抱有非常高的期望,认为大学生活应当是圆满而理想的,因而缺乏足够的心理准备,一旦遭遇障碍,便具有非常强烈的挫败感。

（三）个人抱负水平

抱负水平是指按一个人对自己所要达到目标规定的标准。规定的标准高,即抱负水平高,规定的标准低,即抱负水平低。抱负水平高的人比抱负水平低的人易产生挫折感。例如,某班甲、乙、丙三名同学考试都是80分,甲非常满意;乙觉得和自己预料差不多;而丙同学感到失败。这是因为丙同学抱负水平最高,乙次之,甲相比较最低。

（四）个人容忍力

个人容忍力是人们遇到挫折时适应能力的差别。个人容忍力不同,人们对挫折感受的程度也不同。有的人遇到轻微的挫折就会意志消沉；有的人能忍受严重挫折而毫不灰心丧气；有的人能够忍受别人的侮辱,但面对环境的障碍却会焦虑不安、灰心丧气,这都是个人容忍力在发挥作用。心理学研究证明:人对挫折的容忍力受到人的生理条件、健康状况、个性特征、过去挫折的社会经验、个体对挫折的主观判断、对挫折质量的思想准备等因素的影响。

三、挫折的产生原因

(一)客观原因

1. 自然因素

自然因素是指非人力所能及的一切客观因素。地震、干旱、泥石流、海啸、洪水等自然灾害都属于自然因素,它们会给人带来一定的挫折。

2. 社会因素

社会环境因素是指个体在社会生活中受到的人为因素的限制,包括一切政治、经济、道德、法律、宗教信仰、民族风俗、习惯以及人际关系等。对于大学生来说,社会对大学生身份的认同感低,以及社会就业形势严峻,都是他们产生挫折的重要社会因素。

我国实行高校扩招政策,但扩招只是将大学生的人数提高,教学质量并没有跟上,因此相比于早年企事业单位对于大学生的热衷来看,近些年社会对大学生身份的认同感普遍降低,他们已经不再是天之骄子,而是理论与实践脱离、动手能力和创造性思维差的劳动者。这种社会环境使得大学生在面对择业时会有一种失落感,易受到打击,甚至否认自己以往的选择,对未来感到茫然和恐惧,产生强烈的心理落差,造成挫折感。

此外,随着大学生群体不断增加,以及我国城市化进程的不断加快,大学生毕业后很不好找工作。激烈的就业竞争使得当代大学生毕业即失业的人不在少数。求职的方式很多,一般可以通过供需见面、双向选择、择优录用等方式寻找工作,但是效率普遍不高,这使得大学生心理上产生困惑和不安定感,不断求职失败使其非常受挫。

3. 家庭因素

有的家长对子女呵护有加，大小诸事都为之包办代劳，在生活中有意无意替孩子抵挡某些本应由孩子自己面对的困难和挫折，使孩子养尊处优，较少经受生活磨炼，丧失了在各种挫折中成长的机会，缺乏必要的挫折锻炼和磨难教育，造成适应能力和心理承受能力低弱，严重的还会导致人格发展的不健全。进入大学后，学生生活及学习环境的改变，新的人际关系和各种压力，使他们容易产生挫折感。有一部分家长对子女期望值过高，教育观念陈旧，或控制过严，或盲目放任，也是大学生容易产生挫折心理的一个重要因素。

家庭经济状况也会对大学生的心理产生潜在影响。家庭经济条件较差的大学生除了要面对个人发展与就业压力外，还要面临巨大的生活压力与经济压力，由于经济问题而影响其学业发展与个人发展就会导致更多的心理冲突，从而产生挫折感。

另外，重要亲人的生老病死，以及家庭成员亲密关系的破裂等也容易让大学生产生挫折感。

4. 学校因素

学校环境对大学生的心理挫折有直接影响。具体来说，大学校园环境对大学生的心理影响主要表现在以下几个方面。

首先，大学校园环境设施较差。大学生往往对大学校园与大学生活有着美好的憧憬，但现实中许多学校校园设施不齐全，住宿条件、就餐环境等后勤保障跟不上学生的需求，使得大学生的不满情绪增加。尤其扩大招生以来，学生人数不断增加，学校对学生上课、自习教室的安排明显不足与不合理，无法满足大学生的主动学习需求，这给大学生的学习带来了消极的影响，使大学生心理上产生挫折感。

其次，大学教学内容与管理方式滞后。当今社会是一个开放的、不断变化着的社会，社会的发展需要大量的有创新意识、掌握最新科学知识的优秀人才。求知欲、成就动机非常强的大学生，他们往往希望学习最新的知识,能够在社会上大有作为,但是由于各种原因,部分高校的教学内容滞后于现实社会的变化和发展,使大学生对此感到失望,挫折心理油然而生。此外,大学如果不能根据新的社会发展适时调整对学生的教育模式,不能根据学生的个性发展、心理特征及时调整对学生的管理方式,在管理中使用过强的共性制约,会使学生的个性发展受到抑制,进而产生挫折心理。

再次,大学校园文化氛围不好。校园文化对大学生心理健康有直接而深远的影响,如果大学校园文化普遍存在气氛不浓、品位不高等问题,许多学生社团组织名存实亡,校园人际关系也变得庸俗化,这会使大学生产生心灵的孤独感,同学之间相互猜疑、妒忌,小团体主义、个人主义现象时有发生,人与人之间的金钱关系、利益关系也或多或少地存在,这些现象都会使大学生产生挫折心理。

最后,大学规章制度改革。大学规章制度的改革往往会对大学生心理带来冲击。尤其是奖学金和贷学金制度的改革、上学交费制度的实施、淘汰机制的推行等,都容易让那些心理脆弱、社会经验不丰富的大学生受到不同程度的冲击。

5. 生理因素

个体与生俱来的身体、容貌、健康状况、生理缺陷等先天素质所带来的限制就是所谓的生理因素。例如,身体素质较差的学生难于成为优秀运动员;其貌不扬的学生在人际交往等社会活动中可能会处于劣势,往往无法在社交场合中挥洒自如、展示自己的才能,甚至正常交友也受影响,使自己陷入孤寂境界等,这些都可能给大学生带来挫折感。

(二)主观原因

1. 认知偏差

认知是指一个人对某一事件的认识和看法,包括对过去事件

第六章　大学生挫折心理与心理韧性提升

的评价、对当前事件的解释、对未来可能发生的事件所做的预期。心理学相关观点表明,认知是与情感、意志、动机和行为相联系的一种心理功能状态,是压力产生作用的中介因素,外界刺激正是通过认知这一中介而产生各种各样的心理行为。正确的、科学的、合乎逻辑的认知可以降解压力的强度,错误的、非科学的认知可以膨胀压力的强度。由于认知方式的差异,人们对同一事物有可能产生不同甚至完全相反的看法,引起不同的心理反应。

大学生刚刚接触社会,生活单一,受到正面鼓励多,自视清高,会使大学生的认知出现偏差,如把生活中的不顺利、不愉快、学习交往中的挫折失败看作不应该发生的,仅根据一两件事情的失败来评价整个人的自身价值,夸大挫折后果等,从而导致挫折心理的产生。

大学生社会经验比较少,往往不能正确地认识自我,很多时候只是取得了一点点成功,就觉得自己了不起;一遇到困难、阻碍便会变得畏缩不前,错过成功在望的目标,就产生失败感或焦虑苦恼的情绪。例如,有的大学生刚入学就对自己提出了很高的要求:要拿一等奖学金,当三好学生,然而因为不适应大学生与中学生在学习方法上、评定标准上的差异,以为只要自己苦学就行了,主观盲目地给自己制定了过高的目标,其结果当然是实现不了,这对这些大学生来说无疑是一次不小的挫折。

2. 动机冲突

在现实生活中,人们经常会遇到同时产生两个或两个以上动机的情况。如果这些并存的动机不能同时获得满足,并且在性质上又彼此相互排斥,那么就会产生动机冲突的心理现象。

大学生活是由学生向社会人转变的一个过渡期,周边环境在为大学生的全面发展提供了有利条件和广阔天地的同时,也给他们带来了经济、专业、社交、恋爱、择业等方面的取舍问题。当若干个动机同时存在且难以取舍时,就会使大学生感到左右为难,内心极易产生激烈的冲突和焦虑不安的情绪。随着社会的发展,大学生选择的自由度将会越来越大,而由此带来的动机冲突也必然增加。总体来说,大学生的动机冲突主要有以下几种形式。

（1）双避冲突

双避冲突又称"负负冲突",指个体同时面临着两个可能对个体具有威胁性、不利的、不受欢迎的事情,两个都想躲避,但受条件限制,只能避开一种,接受一种,在做抉择时内心产生矛盾和痛苦,如入前有狼后有虎的两难境地。

（2）双趋冲突

双趋冲突又称"正正冲突",指个体面对两个具有同样吸引力的目标,而为条件所限,两者不可兼得,必须从中选择其一时所发生的难以取舍的心理冲突。双趋冲突是大学生最常见的心理冲突。例如,周末有两个都不错的名人讲座,都想去听,一时难以取舍,内心冲突剧烈。

（3）趋避冲突

趋避冲突又称"正负冲突",指同一目标对于个体同时具有趋近和逃避的心态。这一目标可以满足人的某些需求,但同时又会构成某些威胁,既有吸引力又有排斥力,使人陷入进退两难的心理困境。

（4）双趋避冲突

双趋避冲突又称"双重正负冲突",是指同时有两个目标,存在着两种选择,但两个目标各有所长、各有所短,使人左顾右盼,难以抉择的心态。例如,大学生身处学习气氛不浓的宿舍,有的大学生想认真学习,但又怕被周围人讥笑,想不理会他们,又怕影响人际关系。

3. 个人挫折承受力

挫折承受力是指个体在遭遇挫折时能够忍受和排解挫折的能力,也就是个体适应、应对挫折的一种能力。挫折承受力有不同的水平,既包括对挫折的接纳、容忍、适应的能力,也包括对挫折的主动调整、转变、改善的能力。挫折承受力的大小往往直接决定个体是否经得起挫折打击。挫折承受力强的人，面对挫折不仅能接受现实，而且能理智面对，做好积极调整，不会受太大不良影响；而挫折承受力弱的人，遇到问题则手足无措，无法正确应对，缺乏调节能力，容易受到不良影响，甚至受到伤害，以致一蹶不振。大学生的耐挫力程度高低差异颇大，即使是同一个人，在不同时候、不同情况下，对不同挫折表现的耐挫力也会有所不同。由于生理因素、生活经历、个性特征、人格因素、期望水平、认知因素、社会支持等多种因素的影响，有部分大学生的挫折承受力较弱，对挫折的反应较为强烈。

第二节 大学生的挫折心理与其行为反应

一、大学生的挫折心理

（一）专业挫折

长期以来，专业挫折一直是大学生挫折心理的一个主要方面。大学生在填报高考志愿时往往都不是非常了解自己将要学习的专业，有些学生的志愿根本就不是自己的意愿，而是父母、老师的意愿。进入大学后，很多大学生才发现自己并不喜欢所学的专业。尽管现在有些高校允许转专业，但改变专业不是随意就可以达成的。高校转专业的比例相当小，而且对有意转专业同学的成绩要求也比较高，所以对于一般的大学生，转专业的愿望是不太可能实现的。一些大学生学习成绩差，对学习没有兴趣，其中一个重要原因就是专业思想不稳定所导致的，没能就读自己渴望的专业，或就读于冷门专业，感到没前途，学习没动力，情绪低落。

（二）情感挫折

感情的获得和满足对每个人来说都必不可少，但大学生涉世未深，思想单纯并且承受能力有限，把感情看得过重，对感情过于执着，就极易受到伤害，受伤害后又承受不了挫折打击，结果就导致了苦闷、抑郁。我们可以将大学生的情感挫折分为以下两类。

1. 亲情挫折

大学生与父母、长辈之间由于年龄不同，生活圈子不同，接触的事物、人物各异，在思维方式、价值观念、行为方式和道德标准的选取方面存在较大的差异。这种差异如果不及时进行缩小，而任其越来越大，那么两代人之间的隔阂就会出现"代沟"，即所谓的世代隔阂。代沟困扰大学生与亲人间的交流与沟通，导致青年大学生对亲人特别是父母产生偏见和歧视——轻则与亲人互不理解，重则抱有敌意，甚至以不满、顶撞、反抗、违法等方式试图摆脱成人或社会的监护。另外，家庭的变故如亲人去世、父母离异或不睦等也易使大学生受到亲情挫折。

2. 爱情挫折

进入大学阶段，学生个体生理已经成熟，完全达到了性成熟水平，开始关注异性和追求异性，有强烈的恋爱冲动。但其实，由于大学生的性格、爱好、理想、信念、人生观、价值观、对爱情的态度、表达感情的方式不同，因而其恋爱未必顺利，很可能出现感情不契合的状况，这就很容易导致恋爱失败，遭遇情感挫折。在情感受挫的情况下，大学生往往有两种反应：一种是把挫折向外释放，引发暴力行为；另一种是产生强烈的自卑感，因此产生自虐自闭心理。总之，情感挫折往往导致大学生心理变异，有的人因此而走向极端，所以不得不重视这种挫折。

（三）人际交往挫折

很多大学新生从充满亲情和乡情的人际环境中走出来，渴望与其他人交往,但不知道如何与来自五湖四海、语言不同、性格各异、习惯不同的同学和老师交往。有的学生在交往中不善于处理人际矛盾,与同寝室同学关系很僵,也不善于与老师沟通,有时被老师误解,心情十分苦闷。有的学生面对大学复杂的人际环境不知所措,有的学生在人际交往中处处碰壁。有的学生在中学阶段是班干部、三好学生,被家长宠爱,被老师器重,有一种心理优越感,但进入大学以后,在人才济济的大学生群体中不被同学、老师认可,因竞选干部失败、学习成绩不突出等问题导致心理失衡,感到孤独和失败,挫折心理油然而生。

(四)生活挫折

大学生一般都远离家乡在校读书,当然他们并不是完全独立,主要的经济来源还是父母。不少大学生来自农村的贫困家庭或者是城市的下岗职工家庭,经济上相对拮据。近些年来,经济贫困的大学生往往心理上也很贫困,成为社会关注的"双困生",尽管社会、学校想方设法采取了一些措施,不让任何一位大学生因为经济困难而辍学,但是看到身边同学的阔绰,相对于自己的寒酸,大学生很容易心理失衡。另外,家庭中的重大变故、常见的心理疾病以及生理疾病等,这些对学生的不良影响也是不可低估的,容易使学生产生挫折感和自卑感。

(五)就业挫折

大学是步入社会的一个重要转折时期,毕业后莘莘学子就要走上工作岗位。随着大学生择业与市场经济体制的接轨,自谋职业成为今天的天之骄子们走出象牙塔、走入社会的主要模式。近几年来高校扩招,"供大于求"的状况使得现代大学生的就业压力越来越沉重。据统计,2017年,全国高校毕业生总数达795万人,比2001年的114万多出了681万人。就业形势可以说非常之严峻。很多大四毕业班的大学生在就业的过程中就体验到了就业挫折。比如,有些大学生盲目自信,对一些单位看不上眼,或者由于自己的犹豫不决,没能把握机遇,结果错过了一些好单位。有的大学生应聘多家单位,可是无一家单位愿意录用他,这使他的自信心受到重大打击,失去了再应聘的勇气。更有甚者,由于平时的学习不努力,成绩一塌糊涂,等到了该就业的时候,徘徊在"双选会"会场之外,焦虑不安,连去面试的勇气都没有。就业挫折是对大学生特别是毕业班的大学生心理的一次锤炼。

二、大学生挫折心理的行为反应

当大学生体验到挫折之后,总会产生一系列的行为反应。由于每位大学生的性格、修养、心理承受能力不同,因而遇到挫折后的行为反应也各不相同。不过,总体上可将挫折心理的行为反应分为情绪性反应、理智性反应、生理反应三种。

(一)情绪性反应

情绪性反应是指人在遭受挫折时伴随着的强烈的紧张、愤怒、焦虑等情绪反应。它们可能仅仅表现为强烈的内心体验,也可以表现为特定的行为。它们一般是受到挫折的大学生下意识地、不自觉地表现出来的,也可能是有意识地、自觉地表现出来的。大学生情绪性反应的表现形式有很多,一般有以下几种。

1. 冷漠

这是指大学生遭受挫折时,表现出无动于衷、漠不关心的态度,似乎没有喜怒哀乐的情绪,实际上都隐藏在内心深处,没有外露出来。冷漠并非不包含愤怒的情绪成分,只是个体把愤怒暂时压抑,以间接的方式表现出来而已。这种现象表面显得冷淡退让,内心深处则往往隐藏着很深的痛苦,是一种受压抑的情绪反应。这种反应一般是在个人对引起挫折的对象无法攻击,又无适当的对象可以发泄时表现出来。很多大学生都是如此,受到心理挫折以后,感到采取攻击性的行为于己不利,于是逆来顺受,虽然他们对社会或他人有着强烈的不满,甚至有愤怒的情绪,内心深处也痛苦不堪,但会竭力压制自己的情绪,表面上显出无所谓的样子,利用这种方式来表达自己的不满。冷漠的方法会使大学生的性格受到压抑,严重影响大学生的健康成长。

2. 退化

退化就是指大学生在受到挫折时表现出与自己的年龄和身份不相称的幼稚行为。本来个人的行为随着其自身的发展过程,随着年龄的不同有着各自不同的模式,如老年人的行为模式与小孩子的行为模式就不相同。一个人随着年龄的增长和社会生活的影响,逐渐学会如何控制自己,在适当的时候和适当的场合做出适当的情绪反应和行为表现,这是长大成熟的表现。但是,当一个人遇到挫折时,可能会失去这种控制,以简单、幼稚的方式应付挫折,以求得别人的同情和照顾。退化便是一种由成熟向幼稚倒退的反常现象,而且其本人并不能清醒地意识到这一现象。比如,有的大学生在遭遇挫折后像孩子一样又哭又闹,或者别人说什么就信什么,完全失去自己的主见。

3. 反向

这是指大学生在遭受挫折后,行为相反于动机而行。例如,自卑的学生往往表现出高傲自大;对异性充满向往,却装出不屑一顾的样子等。持反向心理的人,往往不敢正面表露自己的真实动机,于是便从相反的方向表示出来。虽然这种行为可以在一定程度上掩饰个体的真实动机。但是掩饰包含着压抑,长期运用会从根本上扭曲自我意识,使动机与行为脱节,造成心理失常。

4. 攻击

攻击是指大学生在遭受挫折后,伴随愤怒情绪,在行动上产生一种对有关人或物的攻击性的抵触反应,以消除来自挫折的痛苦。攻击是一种破坏性行为,这种行为可分为直接攻击和转向攻击。

直接攻击是挫折产生后最直截了当的一种反应方式,具有直接的敌对性,它是指受挫者把愤怒的情绪直接发泄到构成挫折的人或物上,如大学里发生的打架斗殴、损害公物等现象,这主要发生在自控力较差、鲁莽的大学生身上。间接攻击是指一种对构成挫折的人或物以外目标的攻击行为。间接攻击在生活中是经常有的,当受挫者威慑于对方的权威,或碍于自己的身份,或无明显的攻击对象时,便会将还没有消失的不快情绪发泄到与真正引起挫折不相干的"替罪羊"身上。例如,大学生在遭到教师的批评时把怒气发泄到身边的人或物上。

5. 固执

固执是指当大学生一而再、再而三地遭受到同样的挫折后,慢慢失去信心,失去随机应变的能力,采取刻板的方式盲目重复某种无效行为,以不变应万变。有的大学生在受挫后根本听不进别人的规劝和教育,执迷不悟地继续重复其错误行为,特别是在别人面前受到他人的批评、指责,或者自己的受挫心理被众人发现时,刚开始会感到万分屈辱,但不久,这种自尊心严重受损感即转换为固执己见,破罐子破摔的心理状态。例如,有的大学生受到教师的当众批评后,并没有从挫折中吸取教训,而是钻进了死胡同里,执迷不悟地重复其错误行为,产生了强烈的逆反心理。但是,他们的逆反心理并不意味着他们内心的平静。即使是一个刚愎自用、固执己见的大学生,在反复多次地受到挫折后也会产生茫然的感觉,情绪焦虑不安甚至失去自信,悲观失望、盲目顺从或畏缩不前。因此,从本质上来看,固执是顽而不固,不能解决任何困难,只能适得其反。

6. 文饰

文饰又称"合理化",是指大学生受到挫折后会想出各种理由原谅自己或者为自己的失败辩解的心理。文饰心理起着自我安慰、自我麻痹的作用。所谓的"阿Q精神""酸葡萄""甜柠檬"的自我解嘲方式都属于文饰行为。

7. 幻想

幻想是指大学生企图以自己想象的虚幻情境来应付挫折,借以脱离现实。它其实是大学生在由自己的想象所构成的梦一样的情境中寻求满足。如果偶尔幻想一下也是正常的,因为任何人都有幻想,更不要说大学生了。幻想可以使人暂时摆脱现实,使情绪在挫折后获得缓冲。但是,幻想本身并不能解决实际问题,幻想之后必须面对现实去应付挫折。如果一味耽于幻想,脱离现实,则非但于事无补,而且在成为习惯之后将有碍于对生活的适应。

8. 自杀

如果挫折的打击来得突然而沉重,大学生对挫折的承受力又很小,就会陷入万念俱灰的泥潭而不能自拔,此时一旦得不到外力的帮助,就会产生轻生厌世、自杀自残的行为,以此来惩罚自己,或是以此来向他人与社会示威。近年来,我国大学生自杀的事件时有发生。

上述这些情绪反应大多是个体在遭受挫折打击后下意识地采取的反应方式,这种反应所带来的多是不良后果。因此,学校应该设立相关机构,采取有效措施,及时地给学生以正确的教育和引导,使学生在产生挫折感时能够客观、理智地思考问题,从而自觉地将情绪性反应转化为理智性反应。

(二)理智性反应

理智性反应又叫"积极反应",是指大学生在遭受挫折后,不失常态,能审时度势,采取积极进取的态度和反应对待挫折,努力摆脱挫折情境。它有一些不同的表现方式,常见的有以下几种。

1. 坚持

这是指大学生在受到挫折后,通过分析,发现自己追求的目标是现实可行的,因而要求自己做出加倍努力,即使暂时遭遇了挫折,也克服各种困难,找出排除障碍的办法,毫不动摇地朝既定目标迈进,并最终实现目标。

2. 调整

这是指当大学生一再遭遇挫折、达不到预定目标时,及时调整目标,变换方式,通过别的方法和途径实现目标,或者把原来制定的太高而不切实际的目标往下调整,改变行为方向,促使自己获得成功。这种对目标的重新审定和转移不是惧怕困难,而是实事求是的表现,同时也降低和避免了由于目标不当、难以达成而可能产生的挫折感和焦虑情绪。

3. 表同

这是指大学生在现实生活中无法获得成功时,将自己比拟为某一成功者,借以在心里减弱挫折产生的痛苦;或者迎合能满足自己需要的人,按照他们的希望去支配自己的思想、行动,来冲淡自己的挫折感,并以此求得内心的满足。当一个人在没有获得成功与满足而遭遇挫折时,将自己想象为某一成功者,效仿其优良品质和其获得成功的经验和方法,能够使他的思想、信仰、目标和言行更适应环境和社会的要求,增强自信心,减少挫折感。例如,大学生常以一些历史名人、科学家或小说中所欣赏的人物、教师甚至同学作为自己效仿的对象,建立自己心中的榜样,并依照榜样进行积极的自我激励与自我暗示,用成功代替挫折。

4. 升华

这是指当大学生行为受挫时,或因个人某方面的缺陷而使目标无法实现时,用一种比较崇高的具有创造性和建设性的目标代替,借以弥补因受挫而丧失的自尊与自信,减轻痛苦。升华是最积极的行为反应,从古至今都有非常典型的升华案例,如古代仲尼厄而作《春秋》,左丘失明写《左传》;孙膑跛脚修《兵法》,司马迁受辱著《史记》。所谓"失之东隅,收之桑榆",对于大学生来说,完全可以将不为社会认可的动机和不良的情绪转移到有益的活动中去,使其转化为有利于社会并为他人认可的行为。

（三）生理反应

大学生受挫折后的生理反应是由应激情境导致的情绪变化引起的。在强烈或持续的消极情绪作用下，人的神经、心血管和消化、内分泌等系统都会发生一系列反应。当应激情境不能消除，个体又无法及时有效地控制自己的情绪时，血液中的茶酚胺水平持续升高，导致心跳过速、血压剧增、耗氧量加大，并使各器官组织功能和能量趋向衰竭，神经系统和内分泌系统失调失控，使人食不知味、夜不能寐，健康严重受损。因此，在适当的时候，能够给受到挫折的学生进行合理、有效的教育，对于学生的成长以及正确地做人都是很有好处的。

第三节　大学生抗挫折能力的培养

一、正确认识挫折，改变不合理观念

挫折具有普遍性，任何一个人在成长道路上都会遇到挫折。不过，挫折具有两面性。它一方面对人有消极的影响，如挫折会影响个体实现目标的积极性，降低个体的创造性思维水平，损害个体的身心健康；另一方面也有积极的作用，如挫折能增强个体情绪反应的力量，增强个体的容忍力，提高个体对挫折的认识水平。因此，大学生应当辩证地看待挫折的两面性，在逆境面前建立积极进取的态度以及信心，变不利因素为有利因素，化消极因素为积极因素，促使挫折向积极方面转化。人生的道路总是崎岖不平的，一次失败并不能够代表全部，人生成才的道路、成功的机会是很多的，只要自己努力，就会有一个崭新的未来。

就挫折对大学生的积极作用来看，挫折能够增强大学生的聪明才智，能够激发大学生的进取精神；能够增强大学生的耐受力;能够磨砺大学生的意志。没有经历过挫折的学生,面对小小的失败也可能遭受重大打击,从此消沉下去。在挫折中不断奋起的人,往往会在压力中不断成长,磨炼自己的意志和毅力。

此外,培养大学生的抗挫折能力,还应当让他们改变一些不合理的观念,如此事不该发生、以偏概全、无限夸大后果等观念。如果大学生能够改变这样的不合理观念,实事求是地评价挫折带来的后果,从困难中看到希望,就很容易对抗挫折,让自己更强大。

二、受挫时不要盯住挫折不放

挫折对人的刺激往往比较强烈,并伴随着心理、生理活动不同程度地卷入,给人以深刻的印象,尤其是使人产生强烈情绪反应的挫折,更会使人感到时时被它所纠缠。其实,挫折如果已经发生,就不可能撤回,那就应当面对它,寻找解决的办法。如果已经过去,那就应当丢开它,不要总是让它停留在记忆里,更不要时时盯住它不放。痛苦的感受就像泥泞的沼泽地,你越是不能很快从中脱身,它就越可能把你陷住,使你越陷越深,直至不能自拔。鲁迅笔下的祥林嫂,心爱的儿子被狼叼走后,痛苦得心如刀剜,她逢人就诉说自己儿子的不幸。刚开始,人们对她还寄予同情。但她一而再、再而三地讲,人们就厌烦了,她自己也更加痛苦,以致麻木了。需要注意,这里所说的放开它,并不是主张有了挫折就完全不去理它,采取逃避的态度,而是说不要让自己长久地停留在痛苦的事情上。大学生应当努力寻找突破口,力争克服它,解决它。

三、正确归因,确立合理自我归因

正确归因就是指大学生要学会对造成挫折的原因进行实事求是地分析,弄清挫折的原因到底是外部的还是内部的,或是内外部两种因素相互交织、共同起作用的。有的学生总是把自己学习的成败归因于外在因素,如学习上受挫折后,把失败归因于运气不好,没能猜中题目或埋怨教师的命题和评分,而不努力去克服困难和改变失败的处境。也有的学生把失败归因于自身的能力、技能和努力的程度过低,因而抱怨自己,过多地责备自己。这两种习惯性归因不可能找出造成挫折的真实原因,无助于战胜挫折。把失败归因于内部因素,会使人感到内疚和无助;把失败归因于外部因素,会产生气愤与敌意。

正确的归因是应付和解决挫折情境的必要基础。把失败结果一概归因于外部因素的人,不能对行为作自我控制和自我调节,面对挫折会感到无能为力和束手无策,从而不能尽自己的最大努力去克服困难和改变失败的处境;但是,把失败结果统统归结于个人的努力不足,过多地责备自己,也是不现实的,同样不能对自己的行为结果负起合理的责任,有效地改善挫折处境。对于经常遭受挫折,不加分析,不问青红皂白,便按照自己已有的固定模式做片面归因的人,尤其应当注意要做符合实情的、准确的归因。只有以积极的态度去冷静地分析遭受挫折的主、客观原因,及时找出挫折的症结所在,才能从本人的实际条件出发,用切实的行动去改变挫折情境。

大学生面对挫折时,要学会正确归因。首先,学会多方面收集关于事件的信息,了解困难的原因所在。其次,避免归因的片面性,学会实事求是地承担责任,克服过分承担或完全推诿责任的倾向,避免过多自责带来的挫折感。最后,积极采取措施主动改变挫折情境因素,从而有效应对挫折。例如,在学习过程中发现最近学习效率不高,通过原因分析之后,在解决内在问题的同时,可以尝试改变学习地点、学习时间,或改变学习科目的顺序、学习结构等,从而避免学习效率不高给自己带来的压力和困扰。

四、运用积极的心理防御机制

心理防御机制是挫折发生后人在内部心理活动中所具备的有意或无意地摆脱挫折造成的心理压力、减少精神痛苦、维护正常情绪、平衡心理的种种自我保护方式。受挫后的心理防御机制分积极心理防御和消极心理防御。积极心理防御能暂时减轻和解除痛苦和不安,对情绪起缓冲作用,还能用间接性或代替性的方式使个人的动机得到满足,使原来的挫折得到化解。

大学生个人成长目标应随着现实自我的变化而做出必要的改变,尽管个人所掌握的防御机制是长期生活习得的,并能反映本人的性格特征,但对大学生来说,应注意在受到挫折时适当、适度地运用心理防御机制。尤其是要学习和善于使用积极、成熟的防御机制来应付可能面临的挫折情境,化防御机制为激励机制,既缓解内心冲突又调节行为,尽量克服消极防御机制带来的负面性,以求得心理平衡和自我结构的完善。

五、培养自身良好的人格品质

由于认知不同,每个人对挫折的主观判断、个人的认识结构都会影响一个人对挫折情境和知觉的判断。因此,不同的人对相同的挫折情境所产生的主观心理压力也不尽相同。感知能力和反射性行为是个体行为上的第一道防线。它包括注意力转移、积极态度、心理容忍、良好的情绪反应及健全的个性。积极的态度可降低对不良刺激的感受,因为情绪是感知的屏幕,它可对不良因素起到放大、缩小或歪曲作用,如恐惧时"草木皆兵"、激情时"山欢水笑"。愉快心情能明显提高对挫折的耐受力。性情急躁的人情绪变化大,易动怒,火爆脾气一点就着,常常因为一点芝麻绿豆的事而引起挫折感;心胸狭窄的人气量小、好猜疑,喜欢斤斤计较,容易体验消极的情感;意志薄弱的人做事缺乏耐力和持久力,患得患失,害怕困难,只看眼前利益,经不起打击和挫折;自我偏颇的人缺乏自知之明,或者自高自大、目空一切,或者自卑自贱、畏首畏尾。所以,为了提高挫折承受能力,每个人都应当主动地培养自己良好的人格品质,改变那些不适应发展的不良人格品质。

大学生要重点培养自身自信乐观、自强不息、宽容豁达、开拓创新等品质。自信才能乐观,乐观才能自信,两者相辅相成,当遇到挫折、困境时,如果相信自己一定能取胜,那就会积极地去改变现实,克服困难,战胜挫折,这是自信的作用。乐观者在面临挫折、困境时,不会被眼前的困难吓倒,而是能够透过表面的不利看到背后蕴藏的希望,相信明天是美好的,从而信心十足地去战胜困难。自强不息是良好的意志品质,是一切成功者的共同特征。生命不息,奋斗不止,通向成功的道路不是平坦的,只有坚强不屈、顽强拼搏,才能到达光辉的顶点。一遇挫折就偃旗息鼓,只能半途而废,永远不可能成功。宽容豁达和开拓创新的人胸怀宽阔,对挫折不应被动地适应,一味忍耐,而应面向未来,积极进取,勇于创造新生活。

六、教给大学生抗挫折的方法

"授人以鱼不如授人以渔"。抗挫折能力差的学生,一是很少受到挫折,二是耐挫方法欠缺。作为辅导员(班主任),要针对不同的学生个体,耐心地对其进行教育和指导,教给其一些抗挫折的方法,变挫折为激励因素,从而促使学生进步。以下就是常见的一些抗挫折的方法。

(1)名言警句调节法。让大学生在书本扉页、床边、墙上等自己经常出入的较显眼的地方贴上有针对性的名言、警句、格言,以提醒自己,控制过激情绪,并激励自己上进。

(2)重德才轻名利法。让大学生重视德和才,加强自我品德修养,积极向伟人学习,努力搞好学业成绩和提高能力,淡泊名利,这样就会不为名利所动,心平如镜,自然增强耐挫能力。

（3）调整目标法。当一种动机和行为由于自身条件或社会因素的限制,经过再三尝试仍不能达到目标时,就要调整目标或降低要求并改变行为方向,退一步海阔天空,以减缓心理上的冲突,增强前进的勇气和信心,也能扬长避短,积极进取。因此,高校教育者要积极引导学生进行自我分析、自我反思、自我剖析、全面认识、评价矫正,在实现目标的实践中找出自己以前目标中"理想的自我"与"现实的自我"的矛盾,确立符合自己现实的目标,达成新的成功体验,树立新的符合自己实际的较高的目标,以此调节和控制自己耐挫心理。

（4）转移法。在大学生受到挫折、思想负担过重时,要教育他们想办法,转移精神上的压力,缓解情绪。比如,大声唱歌、呼喊,到户外散散步,找好朋友倾诉,画画等。这样就逐渐遗忘掉挫折,开阔胸襟缓解了精神压力,以便寻找更好解决挫折的办法。

（5）宽容法。大学生要正确认识自己,如果一味苛求自己,往往会给自己加重精神压力,以至削弱耐挫能力,造成自责、自罚的内疚心理。教育者要使他们明白,世上没有常胜将军,受挫有助于从正反两方面掌握知识,应把受挫看作一种推动力,增强忍耐力,不怕受挫,在哪跌倒,就从哪爬起,遇到挫折要学会适当宽容自己。襟怀坦荡,合理的宽容是良好的自我修养的艺术,是正确进行心理调适的艺术。

（6）比较法。教育大学生要与周围同学进行横向比较,提高竞争意识,也要善于纵向比较自己的过去和现在,只要有进步,哪怕慢,也不要自卑和气馁,不要痛恨自己,永远不要自暴自弃,要不断鼓励自己,正确认识自己的短处,并能和自己的短处和平相处,心理压力自然减轻,抗挫折能力自然也就增强了。

（7）群体活动法。这是指通过群体活动,采用"一帮一"等形式,把不同情况的大学生结成互帮对子,共同克服困难,增强抗挫折能力。大学生通过课外活动等可以增强集体荣誉感,体会到自己也是集体中不可缺少的一员,增强其信心,抗挫折能力也会提升。

第四节 大学生心理韧性的提升

一、心理韧性概述

对心理韧性的研究始于20世纪七八十年代的美国。由于语言差异,中文翻译存在一定分歧,译法除"心理韧性"之外,还有"心理弹性""心理复原力""抗逆力""压弹力"等。汉语习惯用"坚韧"一词形容那些在逆境中百折不挠、坚强不屈的人,因此多数人倾向于接受符合汉语表达习惯的"心理韧性"这种译法。心理韧性属于意志心理研究的范畴,它与传统心理学所研究的意志坚韧性既有联系又有一点不同:两者都描述个体在面对困难和压力情境时的积极适应与面对,但心理韧性相对重视灵活适应,而意志的坚忍性则更强调矢志不移。心理韧性并不是只有少数人才拥有的天赋异禀,而是人类生而有之的自我保护潜能。它在挫折和压力背景下自动发挥作用,促使个体调用各种保护性资源,抗拒威胁,战胜挫折,维持身心向好的方向发展。

(一)心理韧性的概念

关于心理韧性的概念,一直以来也是各有说法。这些说法大致可分为以下三类。

第一类是将心理韧性定义为个体内在稳定的人格特质或能力,具有这种特质的个体即使在危机或不利情境下仍能发展出健康的应对策略。

第二类是将心理韧性视为一种动态的、系统的适应性行为过程。例如,美国心理协会帮助中心提出,心理韧性是个体面对生活逆境、创伤、悲剧、威胁或其他生活重大压力时的良好适应过程,它意味着个体从困难经历中"恢复过来"。

第三类是强调心理韧性是个体在不利环境下适应和发展的结果。例如,有研究者认为,心理韧性就是个体在经历艰难和威胁的过程中逐渐发展出良好的适应能力的一类现象。

从上述三类界定中可以看出,心理韧性是一个包含多侧面、多维度的概念,兼具特质性、过程性、结果性、普遍性与差异性等诸多特点。结合多种观点,这里认为,心理韧性就是个体在面对挫折情境时,充分利用各种内外部资源调节自己,以适应环境和发展自我的心理和行为过程。

心理韧性有两个核心:恢复和保持。第一个核心是恢复,指从压力性情境导致的负面情绪中恢复过来的能力,在应对紧急情境时非常重要。第二个核心是保持,即在持续的压力中保持良好心理健康的能力。保持能力在长期、慢性的压力性情境中非常关键。在这种情境下如果缺乏保持能力,就很容易陷入低落的情绪,难以发挥出应有水平。

(二)心理韧性发展的危险因素和保护因素

1. 心理韧性发展的危险因素

危险因素就是指阻碍个体的正常发展、促使个体向消极方向发展的生物、心理或环境方面的因素。例如,低智商、悲观态度、自卑、身体疾病、不良的教养方式和破裂的家庭等。

心理韧性发展的危险因素不一定引发消极的发展结果,但这些因素会增加个体向消极发展的可能性。有人研究处于高危情境下的人发现,一部分人仍然表现出很好的社会能力、积极的自我、较高的自我效能感。这种发现促使研究者开始寻找并发展保护个体免受不利情境影响的因素,即与心理韧性有关的保护因素。

2. 心理韧性发展的保护因素

在心理韧性的形成及发展过程中,起关键作用的是各种内部和外部的保护因素。一般而言,保护因素是能与危险因素相互作用、减轻不利情境对个体的消极影响的那些因素。它既可以是个体所具有的某些内在积极特质(如较强的自我效能感、对未来的乐观展望等),也可以是个体外部的某些环境因素(如融洽的家庭气氛、社会支持等)。研究表明,这些保护性因素在各种不利情境中(如自然灾害、长期战争、慢性病患者家庭、婚内暴力、经济贫困、意外伤亡等),对人的适应都发挥着重要的作用。

沃纳和史密斯从个人、家庭和社会三个方面概括了有益于个体心理韧性发展的保护因素,具体包括自我管理和社会成熟度、学术能力、自我效能感和心理愉悦感、气质、身体健康状况、母亲的能力、从儿童到中年时期的情感支持、生活压力事件的数量等。有研究者进一步将具有保护作用的个体资源划分为人格特征、积极态度、自我控制、应对技能、宗教信仰和对自我健康的评估;家庭和社会支持资源则包括朋友的质量和数量、社区资源、宗教隶属和文化影响等因素。

怀特和马斯腾在前人研究的基础上建立了一个较为详细的保护因素框架,对心理韧性的研究起了重要的推动作用,这个框架见表6-1。

表6-1 与心理韧性发展有关的资源和保护因素[1]

来源	保护因素
个体特征	婴儿期的乐群性及适应性气质 良好的认知和问题解决能力 控制情绪和行为的有效策略 自我悦纳(拥有自信、高自尊和自我效能感) 积极的生活态度(心存希望) 具有社会和自我推崇的特征(如有才华和幽默感,富于魅力)

---

[1] Wright M. O. Masten A. S. *ReSilience processes in development.In*: *Handbook of Resilience in Children*[M].NY: Spnnger US, 2005: 1707.

续表

来源	保护因素
家庭特征	稳定和支持性的家庭环境 父母较少冲突 与积极响应的照料者之间关系亲密 父母民主的教养方式(情感温暖、结构性强、控制有力、高期望值) 兄弟姐妹关系融洽 其他家庭成员的支持 父母重视家庭教育 父母具有上述可起保护作用的个体特征 家庭具有良好的社会经济地位 父母受过高等教育 父母有信仰
社区特征	高质量的社区 社区安全,很少发生暴力事件 支付得起的住宅 有娱乐中心 空气清新,水质良好 良好的学区条件 受过良好的专业训练和报酬丰厚的教师课外教育计划 学校有娱乐资源(体育运动、音乐、艺术等) 可为父母或青少年提供适当的工作岗位 良好的公共医疗保健服务 及时的应急处置(如匪警、火警和医疗急救) 有良师益友
文化或社会特征	儿童保护政策(有关童工、儿童健康保护和儿童福利的政策等) 政府重视并保护公民享有公平的受教育机会 有效预防政治冲突,保护儿童免受相关事件的影响 保护公民身体免受暴力伤害

在现实生活中,由于每个人拥有的保护性资源的质量和数量不同,每个人对相同或相似的不利情境的适应结果也不同。一个人如果拥有的保护性资源越多,面对危险性因素时所受的消极影响就会越小。

(三)心理韧性量表

一个人的心理韧性是可以测量与评估的。研究者已经开发出多样化的测量和评估心理韧性的方法。心理量表评定法就是以心理韧性量表为工具进行评估的方法,由于其易实施、效率高,因而被广泛采用,是目前临床和高校心理健康工作者首选的评估方式。以下就是当前应用较为广泛的心理韧性量表。

1. 万格尼德—杨心理韧性量表

万格尼德和杨1993年以社区中丧偶但适应良好的24个老年妇女为被试,采用定性研究的方法编制了"心理韧性量表"。该量表是最早和应用最为广泛的心理韧性测量工具,共包含25个条目,分为个人能力(17个条目)、对自我与生活的接纳(8个条目)两个方面,以及有意义的生活、坚持性、自恃性、自在感和沉着冷静五个特征要素。其中,有意义的生活作为目标最为重要,是其他几个要素的基础。量表为7点记分,从"不同意(1分)"到"同意(7分)",总分25～175,得分越高代表心理韧性水平越高。该量表通过个体所拥有的内在保护因素来测量其整体心理韧性。它最初主要用于成人研究,但随后很多研究证明该量表适用于所有年龄和种族。

2. 康纳—戴维森心理韧性量表

康纳和戴维森于2003年发布了"心理韧性量表",同样包含25个题项,涉及能力、忍受消极情感、接受变化、控制感和精神影响五个维度,重点测量个体在不利环境下所表现出的积极心理品质。该量表一经发表便显示出强大的影响力,被翻译成多种文字在二三十个国家和地区得到运用、检验和修订。我国于晓楠和张建对康纳—戴维森心理韧性量表进行了修订,将其维度划分为三个,即坚韧、力量和乐观。其中,坚韧分量表由13个条目构成,反映个体在镇定、灵敏和持久性方面的特点以及面对困境和挑战时的控制力;力量分量表由8个条目构成,集中体现个体在经历创伤之后恢复并变得更为坚强的能力;乐观分量表由4个条目构成,反映个人看待事物的积极态度以及对个体和社会力量的信任。目前,该中文修订版在国内已得到广泛应用。

3. 成人心理韧性量表

弗瑞伯格等编制了"成人心理韧性量表",用于测量成人在不利情境下维持心理健康和良好适应所具备的保护性因素。成人心理韧性量表由 37 个条目组成,包含个体能力、社会能力、家庭凝聚、社会支持和计划风格五个因子。其中,个人能力测量个体的自尊、自我效能感、自我悦纳、希望感、对生活的坚定现实取向;社会能力包括个体的外倾性、社会适应、愉快情绪、创新能力以及处理社会事件的沟通技巧和灵活性;家庭凝聚反映家庭成员之间的相互冲突、合作、忠诚、支持和稳定的关系状况;社会支持测量个体获得支持、提供支持和亲密程度三个方面;计划风格反映个体遵守常规以及对生活和工作的计划、组织能力。个体能力、社会能力和计划风格三个因子可以合并为一个人的维度,测量个体内在的心理品质;家庭凝聚体现了家庭对个体的支持;社会支持则是指家庭以外的支持。后来,弗瑞伯格等对这一量表进行了修订,增加了 3 个项目,经过信效度分析之后又删除了 7 个项目,形成了一个包含 33 个项目的量表,采用 5 级评分。修订版的量表中,个人能力维度被分成了自我感知和未来感知两个维度,个别维度名称也进行了微调,形成了自我感知、未来感知、组织风格、社会能力、家庭凝聚和社会资源六个维度。该量表具有更好的信效度水平。

4. 青少年心理韧性量表

我国胡月琴和甘怡群两位学者编制出了"青少年心理韧性量表"。该量表共 27 个条目,包含目标专注、情绪控制、积极认知、家庭支持和人际互助五个维度。量表采用 5 级评分,从 1(完全不符合)到 5(完全符合)。经检验,该量表的内部一致性系数为 0.85,重测信度为 0.83。

二、大学生心理韧性的提升策略

在挫折情境下,有些人能够韧性重组,提升自己的心理素质,实现预期的目标;有些人进入平衡重组模式,在压力下努力保持原有的心理状态;有些人陷入损失性重组模式中,心理素质变差;有些人则落入失衡性重组的状态,依靠其他一些无聊的东西来麻痹自己。所以,提升心理韧性对于一个人很好地承受与抵抗挫折有较大的意义。对于大学生来说,提升心理韧性水平可以采取以下一些策略。

(一)唤醒危机意识

困境具有促进自我成长的作用,因而困境于人们而言具有一种亲和感。从当前大学生成长过程来看,很多大学生都像温室中的花一样,虽然美丽,却经不起风雨。鉴于此,教育者有必要重新唤醒这份对困境的亲和感,使"生于忧患,死于安乐"的危机意识成为大学生的良师益友。唤醒学生的危机意识需要注意以下几个方面。

第一,量力而行。在向大学生引入危机意识之前,必须先充分考虑大学生的认知能力、心理承受能力以及循序渐进的途径,这些困境既不能太"恐怖",以免大学生杞人忧天;也不能无关痛痒,不然就无法引起大学生的重视。在向大学生描述他们可能遇到的困境之后,再给他们介绍可以解决困境的办法,以免他们产生不必要的恐慌。

第二,悦纳困境。要让大学生认识到困境的必然性并坦然接受自己的不足,对困境进行心理意义的转化,在此基础上树立信念:面对困境,接受它,但不要自我放弃,这是一个培养自己品性、锻炼自己意志、提升自己能力,为将来做准备的机会。

第三,重视榜样的力量。卓越人才饱经忧患和磨难成长的事屡见不鲜;前辈英烈为共和国的建立和发展艰苦奋斗,甚至献出生命的事迹不胜枚举。这些都可成为大学生警惕自我和激励自我的活教材,启发他们认识和掌握事物曲折前进的发展规律。

第四,帮助大学生"自讨苦吃"。在合情合理的条件下,鼓励学生揭露自己的弱点,帮助他们克服和战胜这些弱点,以磨炼和提高自己。

(二)经历一些压力和挫折

有意识地让大学生经历一些挫折,有助于他们建立心理免疫系统,从而培养他们的心理承受力。正如生理免疫系统可以帮助受到细菌或病毒感染的个体恢复健康一样,心理防御系统也可以起到类似的心理防护作用。在能够疗愈范围内经历过一些失败,感受到一定程度的心理压力,可以帮助大学生形成百折不挠的勇气和克服困难的信心。将来再遇到挫折时,他们才不至于惊慌失措,不堪一击。现在有些大学生内心脆弱,像瓷娃娃一样娇气易碎,摸不得碰不得,动辄轻生,这些都和一直以来受到过度保护,没怎么经历过挫折有关。

需要注意的是,挫折教育中让大学生经历的压力和挫折应当适度,不能超出他们的承受能力,避免过犹不及,对他们造成长期或严重伤害的后果。另外,挫折教育作为一种教育方式,需要遵循教育的原则和策略,要能使大学生真正从失败或挫折中受到教育,获得心理成长,而不是流于形式。

(三)通过拓展训练提高自我效能感

自我效能感是心理韧性的一个重要保护性因素。所以,创造各种条件,鼓励大学生积极参加社会实践活动,展现自身才能,获得成功体验,提升他们的自我效能感是非常有效的提升他们心理韧性的方法。当然,如果想在短期内提高自我效能感,可以通过适当的应对方式和拓展训练来实现。

于肖楠和张建新就提出了以"我是(I am)、我有(I have)、我能(I can)"为主题的拓展训练。其中,"我是"帮助个体认识自身的内在力量,包含个体感觉、态度和信念;"我有"帮助个体发现自己拥有的外部支持与资源,体验到安全感和受保护的感觉;"我能"帮助个体了解和发展人际关系的技巧和解决问题的能力,如创造力、恒心、幽默、沟通能力等。

（四）进行应对方式的干预训练

积极的应对方式也是大学生心理韧性发展的一个保护性因素。应对方式的干预训练能帮助大学生纠正已往消极、不恰当、非建设性的应对方式，形成积极且富有建设性的行为模式，并逐渐内化成为其稳定的心理品质。

应对方式的干预训练通常包含认知重建、情绪管理、行为应对、个体和社会应对资源开发五个主题。认知重建训练帮助大学生了解压力，改变其不合理的认知观念，集思广益，寻找减压的有效方法。情绪管理训练通过梳理个人过往经历，理解情绪和认知的关系，通过调整情绪来改变自己的不良适应，减少负面情绪的影响。行为应对训练帮助大学生学会积极有效的行为应对方式。个体应对资源开发训练协助大学生发掘自身优点，增加处理问题的自信心，探索个人的应对资源。社会应对资源开发训练帮助大学生学会求助，拓展个人的社会支持系统。

（五）增强与亲友的沟通，扩大自己的社会支持网络

人们通常把来自家庭、学校以及社会的支持力量统称为社会支持网络。对大学生来说，社会支持网络主要包括父母、亲友、学校教师和同伴以及社会团体及其所提供的工具支持、信息支持、情感支持与陪伴支持。积极而稳定的社会支持一方面为个体内在积极品质的形成提供了有利条件，另一方面能够在挫折和压力处境下为个体提供心理保护和安全感。尤其是在人生重大转折关头，如升学、就业、患病或意外事件发生的时候，面对沉重的压力，家庭成员、同学和教师的陪伴、理解、支持和鼓励会成为最重要的支撑力量，为大学生带来克服困难的勇气。因此，大学生要增强与亲友的沟通，并不断扩大自己的交友范围，从而获得更多心理支持，增强自己在逆境中的"续航能力"。

第七章 大学生恋爱心理与积极爱情观的构建

大学生正值人生发展的一个关键期,其恋爱也具有独特的心理特点。大学生一旦处理不好恋爱中的各种心理,就很容易出现恋爱心理偏差,对其未来人生的发展产生一定的消极影响。因此,对大学生恋爱心理进行研究,使其能够构建积极的爱情观,对大学生的健康发展具有积极意义。

第一节 大学生恋爱心理发展的规律特点

一、大学生恋爱的动机

恋爱是一对男女在生理、心理和客观环境因素的交织作用下,相互倾慕和培植爱情的过程。恋爱具有一定的动机,具体来说,大学生的恋爱动机主要有以下几个方面。

(一)对爱情的向往

随着性生理的发展,大学生的性意识也日益成熟,进而萌发了对爱情的向往和追求。许多大学生有这样一些想法,如觉得恋爱会使自己尽早享受到爱情的喜悦;在大学谈恋爱的选择余地大;不趁早谈恋爱将步入大龄青年的行列;恋爱能使自己得到异性的保护等。另外,模仿从众,为求心理平衡也是大学生急于恋

第七章 大学生恋爱心理与积极爱情观的构建

爱的一个重要原因。有些大学生看到周围的同学成双成对,生活得浪漫有情调,自己羡慕那样的生活,因此觉得不平衡,为了满足这种心理而找人谈恋爱。

(二)异性的吸引与好奇心的驱使

在大学阶段,大学生正处于喜欢探寻自我与世界的阶段,他们对未知的事物都充满了神秘感,对异性也产生了好奇、亲近的心理需要。另外,异性的容貌、体态、风度、谈吐以及才能等也具有很大的吸引力。这驱使大学生常常观察和接触异性,并对异性表现出十分关注、友好的态度。

许多大学生很享受异性对自己的赞美和青睐,并特别喜欢在异性面前显示自己的风度、知识和才干,以博得异性的好感。异性朋友对自己的点滴评价都会铭记在心,具有极强的敏感性。对于相当一部分大学生来说,这种渴望了解异性以满足自己好奇心的心理是促使其谈恋爱的一个关键因素。

(三)寻求精神补充和感情抚慰

许多大学生是第一次远离家乡、父母、朋友,到异地读书,可以说是进入了人生的"第二次断乳期"。有些大学生不能很快适应大学生活以及当地的文化习俗,对自己的生活、学习没有十分坚定的信念,加之人际关系复杂,因此常常感到精神空虚、孤独寂寞。在这种情况下,他们就想谈恋爱,想借助爱情来补偿空虚寂寞的心灵。

大学生恋爱的动机除了上述几种外,其实还有很多。例如,怕错失恋爱的好时机而恋爱;一见钟情,觉得恋爱是理所当然的;为寻找毕业后的一种出路而恋爱;为追求时尚浪漫,寻求刺激而恋爱。当然,还有一些大学生还存在一些不道德的恋爱动机,如一些男生抱着玩弄女生的心理去谈恋爱;一些女生觉得恋爱对象越多,证明自己越有魅力等,诸如此类的恋爱动机很可能会给大学生的成长带来相当大的危害。

二、大学生恋爱心理的类型

概括来说,大学生的恋爱心理主要包括以下几种类型。

(一)追求浪漫型恋爱心理

拥有这一恋爱心理的大学生往往有着比较丰富的情感,向往罗曼蒂克的爱情,追求爱情的浪漫色彩。表面看来,他们好像对爱情不够尊重,但实际上他们只是觉得相比爱情的责任与义务,在花前月下出没要更加富有韵味和色彩。

(二)时尚攀比型恋爱心理

拥有这一恋爱心理的大学生,往往对恋爱持随意的态度,只是跟着感觉走,将恋爱看成是一种精神上的补偿,因而目的性不强或者说根本没有目的性。

(三)比翼双飞型恋爱心理

拥有这一恋爱心理的大学生,进取心、事业心以及自控能力都比较强,还有着成熟的人格、正确的恋爱观,把有共同的价值观念、理想抱负以及获得事业成功看成是保持长久爱情的重要基础。在他们看来,爱情既是人生的快乐,又是推动学习和工作的重要动力,因而能够理性、妥善地处理爱情与学习、工作的关系。

(四)生活实惠型恋爱心理

拥有这一恋爱心理的大学生往往是现实的、理智的,并将大三、大四看成是谈恋爱的合适时期。在他们看来,这时候谈恋爱会使彼此更加了解和相互信任,而且会使恋爱和毕业动向相统一,因而容易获得成功。

第七章　大学生恋爱心理与积极爱情观的构建

（五）功利世俗型恋爱心理

拥有这一恋爱心理的大学生,在谈恋爱时往往将对方的门第、家产、地位、名誉、处所、职业、社交能力、驯服度等作为重要的前提条件,从而使恋爱呈现出鲜明的功利性和世俗性。

（六）玩伴消费型恋爱心理

拥有这一恋爱心理的大学生,往往只有很少的同性朋友,而且精神上很空虚,时常感到孤独和苦闷。对于他们来说,谈恋爱只是为了对自己精神的空虚进行弥补。

三、大学生恋爱心理的特点

大学生在恋爱过程中会呈现出特有的恋爱心理特点,对其恋爱行为以及心理健康产生一定的影响。一般来说,大学生的恋爱心理呈现出以下几个鲜明的特点。

（一）纯洁性

大学生的恋爱相比成年人的恋爱来说是较为纯净、美丽的,有时甚至会显得单纯。他们在恋爱时基本上没有现实生活的压力,只要认认真真地恋爱就可以。因此,他们在选择恋人时更重视精神层面的相互认同,对世俗生活中的物质交换、门当户对等通常不会太过在意。这表明,大学生的恋爱具有纯洁性特点。但是,这一特点也导致大学生的恋爱脱离现实生活,难以长久。

（二）浪漫性

大学时代正是追求浪漫的季节,浪漫性是大学生恋爱表现出的最大特点。这主要是受到了影视传媒的影响,一些有关爱情的影视剧、报纸杂志大量地渲染浪漫离奇的爱情,再加上课余看一些唯美或浪漫的爱情剧和言情小说,使得这些从紧张的高中学习中解脱出来的大学生对爱情产生了浓厚的兴趣,跃跃欲试的心理非常强烈,他们在恋爱过程中对爱人产生深情的依恋和幸福的狂想,往往会把对方想象得很完美,认为对方集中了世上的所有的优良品质,是理想形象的现实化。这表明,大学生的恋爱心理具有浪漫性特点。

(三)排他性

恋爱中的大学生往往会产生对意中人的专一执着、忠贞不渝的心理特点,即不希望其他人介入自己与恋人的亲密关系之中,并本能地抗拒他人亲近自己的恋爱对象。大学生恋爱心理的这一特点,对于维持爱情的稳定长久具有重要的作用,但也会导致对恋人的猜疑等不良心理,继而对恋爱造成消极影响。

(四)自主性

如今的大学生有一个最明显的特点就是自主性增强,他们重感情,不受传统习俗的约束,大学生受家庭的束缚和影响变小,再加上自身较为成熟,所以他们在恋爱问题上更加自由,不管传统婚恋观,不管旁人怎么看,只要是他们两情相悦,就会大胆的恋爱。

(五)公开性

对于大学生谈恋爱的现象,家长不像对待中学生那样严打和堵,也不像在20世纪80年代那样反对大学生谈恋爱。相比较来说,如今社会各界对于大学生谈恋爱的态度很温和,他们虽然不赞同,但是他们也不反对。于是大学生的恋爱不需要躲躲闪闪,不再搞"地下工作",他们的恋爱勇敢而直接。在大学的餐厅、教室、自习室、图书馆等校园的每一个角落都可以看到相恋伴侣的

第七章　大学生恋爱心理与积极爱情观的构建

身影,他们出入成双成对,携手漫步于校园。这表明,大学生的恋爱心理已经逐渐由含蓄、委婉变得日益开放。

(六)多样性

现在大学生恋爱的目的越来越不单纯,单单因为喜欢而恋爱的越来越少,很多大学生在恋爱过程中夹带了很多其他非感情的因素,如"孤独""空虚""寻求刺激""体现自我"等恋爱动机。这表明,当前大学生的恋爱心理变得日益多样化。

四、大学生恋爱心理的发展阶段

一般来说,大学生恋爱双方从相识到确立恋爱关系,大致经历偶像勾勒期、心理认同期、初恋期、热恋期和苦恋期五个发展阶段。

(一)偶像勾勒期

由于心理发展以及社会因素的影响,使进入青春期的大学生对异性产生好奇、爱慕、接近的心理,为异性所吸引。绝大多数学生考上大学后都有一种轻松感,在此之前那种朦胧的幻想逐渐变得清晰。随着与异性交往的增多,按照自己的价值观、兴趣爱好、性格、气质、个人生理条件等各方面因素在心目中逐渐勾勒出理想异性的轮廓,形成了自己的择偶标准,并在学习、生活、交往中通过互相了解而建立友谊,从中寻找自己心目中的偶像。在这个阶段,大学生心目中对理想对象的幻想色彩最为浓厚。

(二)心理认同期

首先,男女双方出现"友爱的交谈",包括交谈孩提时期的事情、彼此的家庭情况和有关友谊和学习的看法等;其次,"互相呈现内心世界",包括互相解除烦恼、互相显示不被亲人所知的一面,进而在"渴求联系的行动"方面表现为寂寞时互相安慰。另外,在其他行动上表现为"相互帮助""互赠礼品"。

(三)初恋期

"渴求联系的行动"增加,包括没有什么事情也见面或者打电话;在"共同行动"方面包括约会、一起购物、互相拜访住处;在"向第三者介绍"时将对方作为异性友人向同学、朋友们介绍;在"性行为"方面有牵手行为;在"纠纷"上表现为吵架。

(四)热恋期

"渴求占有对方的内心世界"逐渐强烈,这时看对方总感到完美无缺,对一些问题的看法往往十分一致;在"向第三者介绍"时作为恋人向同学、朋友们介绍;"共同行动"上表现为寻找单独相处的机会;在"性行为"方面出现接吻和拥抱;在"纠纷"上表现为想分手。

(五)苦恋期

经过热恋期的情感高峰体验之后,理性开始唤醒,谈论的话题从海阔天空回到了现实。特别是到了高年级,家庭对其恋爱的态度、社会的舆论、未来就业去向等一系列现实问题迎面而来,双方都开始用更为现实的标准审慎地看待对方,彼此的一些缺点逐渐被对方感觉出来,对双方在性格上的不合、兴趣上的差异、生活习惯上的不一致以及在交往中行为的失当等表现出失望,于是双方不时会出现一些冲突。"我俩真的适合在一起吗?"成为萦绕双方心灵的难题;在"纠纷"方面有可能发生暴力现象。

第二节 大学生恋爱心理的偏差

现实中,大学生恋爱现象越来越普遍,已经渗入其学习生活和工作的各个方面。然而,大学生的生理发育成熟而心理不成熟或渐趋成熟的矛盾,丰富的情感与脆弱的理智的矛盾,性意识的觉醒与性道德规范的矛盾,导致他们在恋爱过程中出现各种苦恼和痛苦,产生各种各样的恋爱心理偏差,直接影响着他们的身心健康与发展。具体来说,大学生常见的恋爱心理偏差主要包括以下几方面。

一、恋爱选择犹豫

一些大学生在面对"该不该谈恋爱"这一问题时,往往犹豫不决,不知道该如何进行选择。通常来说,如果还不确定自己是否应该谈恋爱,则说明还没有喜欢的异性走进你的内心。

大学生如果存在这一恋爱心理问题,则要注意切不可因为周围的同学都在谈恋爱而使自己产生谈恋爱的想法,否则很可能使自己失去真正的爱情。

二、自我评价失当

大学生在同异性交往中,除部分人具有交往技能外,相当一部分人不善于同异性交往,并因此在交往过程中产生了对自我的不当评价,具体表现在以下两个方面。

第一,一些大学生在同异性交往中自视过高,认为自己条件好,什么都行,孤芳自赏,盛气凌人,瞧不起身边的同学和交往的异性,结果造成同异性交往发展的障碍,也影响了人们对他的认知以及与他的交往。

第二,一些大学生自卑感强,过低地评价自己,虽然渴望与异性交往,但又羞于或畏惧与异性交往。他们总认为异性瞧不起自己,不会接纳自己,不敢坦然地同异性交往,更不敢大胆地表白,尤其害怕在异性面前丢面子,因此陷入深深的苦恼中,有时陷入单相思中。

三、择偶心理不当

就大学生来说,其择偶心理不当主要表现在两个方面:一是择偶标准不实际;二是择偶动机不端正。具体来说,大学生的择偶心理不当主要是通过以下几个方面表现出来的。

第一,有些大学生择偶不注重根本性的因素和品质、素养等,片面追求外在条件。比如,有的女大学生比较看重男性的家庭财产、收入等,择偶中功利化倾向比较严重。

第二,有些大学生根据心中的偶像不切实际地确定理想化的择偶标准,有的人要求对方完美无缺,有的人固于某一偶像标准不放弃,如相貌不漂亮、身材不苗条的不谈,个子低于自己所定标准的不谈等。结果眼光过高,在现实中找不到自己所需要的偶像,故而失望、懊丧。

第三,有些大学生在择偶动机方面不端正,其恋爱不是出于爱情本身,而是因为生活单调寂寞,或精神空虚苦闷,或虚荣心作祟,有随大流的从众心理,甚至有玩弄异性等不良动机。这些人在择偶时很少把恋爱的行为与婚姻结合起来考虑,缺乏责任感。

四、恋爱道德观不正确

大学生的恋爱应该是高尚的,将爱情作为恋爱的基础,将高尚的情趣作为恋爱的动力,而且在恋爱中对对方的人格与权利高度尊重,并始终信守承诺、保持感情专一。大学生要使自己的恋爱是高尚的,就要树立起正确的恋爱道德观。但在当前,很多大

第七章　大学生恋爱心理与积极爱情观的构建

学生在恋爱的过程中缺乏正确的恋爱道德观,或是对待恋爱对象态度随意,或是见异思迁、朝秦暮楚,或是沉溺于"三角恋""多角恋"等,从而导致纯洁的爱情被玷污,还会使恋爱对象的身心健康受到严重影响。

五、不能正确对待恋爱挫折

大学生的恋爱不可能是一帆风顺的,遇到挫折是十分正常的。对于恋爱挫折,大学生如果不能正确对待,则可能导致自己的精神受到刺激,进而诱发一些心理疾病,对心理健康产生严重危害。一般来说,大学生会遇到的恋爱挫折主要有以下几个。

(一)单恋

单恋指的是一方对另一方的以一厢情愿的倾慕与热爱为特点的畸形爱情。由于单恋是单方面的倾慕,因而并不等同于恋爱。不过,当事人如果对单恋沉溺过深,则会导致严重的不良后果。对于大学生单恋者来说,会产生的不良后果主要有以下几个。

第一,会导致单恋者的斗志逐渐被消磨。
第二,会导致单恋者虚度宝贵的青春。
第三,会导致单恋者无法集中精神进行学习和生活。
第四,会导致单恋者产生一些心理失衡,如性格孤僻、内心封闭、兴趣低沉,甚至会产生一些心理疾病。

(二)失恋

对于大学生来说,恋爱关系是其除师生关系、同学关系以外的最重要的关系,对于其寻找自身的价值观也有着重要的作用。可想而知,大学生如果失恋了,将会产生严重的不良后果。

1. 大学生失恋的原因

大学生失恋的原因有很多,概括来说主要有以下几个:一是因一方变心而导致失恋;二是因环境条件的制约而导致失恋;三是因自身缺点过多且不注意改正而导致失恋;四是因恋爱动机不正确而导致失恋;五是因性格、兴趣、思想等不合而导致失恋;六是因外界干涉而导致失恋。

2. 大学生失恋的后果

大学生在失恋后,通常会产生一些不良的心理,如消沉心理、自卑心理、报复心理、绝望心理等。对于这些不良心理,如果不及时采取有效的措施进行疏导,将会对大学生的身心健康造成不良影响。

(三)恋爱纠葛

恋爱纠葛也是大学生在恋爱中经常会遇到的一种挫折。所谓恋爱纠葛,就是恋爱双方因主、客观原因而引发的欲罢不忍、欲爱不能的强烈感情冲突。它会使恋爱中的大学生出现焦躁、紧张、忧郁、恐惧等不良情绪,无法正常地进行学生和生活;还会使恋爱中的大学生产生精神疾病,更甚者会走向自杀。

六、恋爱与学业的矛盾突出

对于爱情与学业的关系,绝大多数大学生都能够正确看待,懂得大学生的主要任务是学习,爱情应当服从学业,或者希望学业和爱情双丰收,既渴望学业有成,又向往爱情幸福。总之,大都重视学业,总想把学业放在首要的位置。但是,这仅仅是大学生主观上、思想上的愿望而已。

在现实生活中,真正在客观上、行动上能够正确处理好爱情与学业关系的大学生,虽然也有,但为数不多。很多大学生把主要精力沉溺于爱河之中,学习受到严重影响。有的大学生整天如痴如醉,想入非非,沉浸在卿卿我我的甜言蜜语之中;有的中午、晚上不休息,加班加点谈恋爱,致使上课时注意力不集中,脑子里想的是下课后怎样约会;有的干脆逃课,出入歌厅、影院,一心一意谈恋爱,成为恋爱"专业户";有的过分关心自己的装束和打扮,同其他同学的关系疏远,不愿参加班集体活动,严重地影响了学习、工作和身心健康。长此以往,这些大学生就在不知不觉中变得"儿女情长,英雄气短",成就事业的热情一天天冷却,爱情逐渐成为生活的唯一追求。这导致不少大学生学习成绩下降,考试不及格,有的人甚至不得不因此退学,酿成了苦酒。

七、性行为轻率

当前的大学生因受到西方性解放观念的影响,在恋爱中对性行为通常采取轻率的态度,恋爱后不久便会发生性关系,甚至在校外租房过同居生活。大学生对待性行为的这种轻率态度,是对自己不负责任的行为,甚至会导致自己日后无法获得幸福圆满的爱情。

第三节 大学生健康恋爱心理的培养

恋爱的过程时常会伴随各种偏差矛盾,这些偏差矛盾的解决有赖于人格的成熟、心理的健全,同样偏差矛盾的解决又会促进或阻碍人格的发展和心理的健全。因此,大学生应努力培养健康的恋爱心理。概括来说,可以通过以下几种方式来培养大学生健康的恋爱心理。

一、树立健康的恋爱观

恋爱观是指人们对待恋爱问题所持的基本观点。健康的恋爱观对大学生来说是十分重要的,它是大学生品尝爱情甘露和事业硕果的关键,对大学生的成才也将起到巨大的推动作用。通常来说,健康的恋爱观主要包括以下几方面的内容。

(一)正确的恋爱态度

通过人们对待爱情的态度,可以折射出一个人的精神境界和道德情操。因此,大学生要以正确的态度对待爱情。具体来说,大学生的正确恋爱态度是通过以下几个方面表现出来的。

1. 要尊重恋人

恋人之间的互相尊重、互相理解是恋爱成功的保障,是婚姻幸福的土壤。离开了尊重和理解,爱情之树就会枯萎。

大学生在恋爱过程中要学会尊重对方,尊重对方的工作、学习、家庭;尊重对方的兴趣、爱好、特长;尊重对方的行为方式、生活习惯;尊重对方的人格和尊严。要在互相尊重的基础上培养平等、纯真、高尚、美好的爱情。那种居高临下、夫唱妇随的思想意识和行为方式直接违背互相尊重的原则,不利于真正爱情的培养、巩固和发展。

2. 对待恋人专一

当恋爱关系一旦确立,双方在享受恋爱的幸福的同时也要承担恋爱的义务,即自愿地、全心全意地、忠贞不渝地去爱对方。忠贞是爱情心理结构的一个基本的、重要的心理因素,也是爱情成功的基础。一个在爱情上不忠贞、不专一的人,不仅得不到纯洁的爱情,而且也很难成为一个品德高尚的人。因此,大学生要用高尚的思想情操去追求至真、至善的爱情生活,培育纯洁、崇高、永恒的爱情。

3. 对待恋人真诚

大学生恋爱双方要真诚相待。在恋爱中彼此应该诚恳相待,把自己的优点、缺点、思想、性格、理想爱好和其他情况如实地告

第七章　大学生恋爱心理与积极爱情观的构建

诉对方,不加掩饰和隐瞒。这样既有助于增进对方对自己的了解,也可以获得对方的信任,奠定爱情的基础。如果用欺骗手段骗取爱情,终归要自食其果。彼此诚恳坦白,十分重要。男女双方在爱情上的忠诚和相互信任是巩固和发展爱情、建立美满婚姻的必要条件。当爱情关系一经确立,它就给相爱的双方带来一种义务,即自觉自愿地、尽心竭力地、矢志不渝地去爱对方。这种爱不只是口头上的山盟海誓,也不是仅仅表现为强烈的感情流露,而是要尊重对方,帮助对方,关心和照顾对方。大学生特别要互相鼓励和帮助对方搞好学习和工作,要求对方上进,为了对方的进步和幸福,自己能做出自我牺牲。

4. 要理解和信任恋人

恋人之间贵在相知。没有理解和信任,互相猜疑、互相设防,美好的爱情就会失去光彩。因此,恋人之间要襟怀坦荡、光明磊落,用理解和信任去浇灌、培育爱情,使爱情之树常绿。

(二)健康的恋爱心理

大学生健康的恋爱心理,具体来说包括以下几个方面。

1. 追求思想感情的一致

思想感情一致是爱情的思想基础。最近有人提出文化的"门当户对",其实就是指双方思想感情的相通相融。因为男女之爱包含着丰富的内容,其中既有本能的,不可能抗拒的性冲动,又有人类崇高的人情和理性;既有自发性,又有自觉性;既有欲望,又有克制。爱情是肉欲、激情及理智的结合,是生理、心理美感和道德的体验;思想感情的统一、理想信念的合拍,才能使恋爱双方水乳交融、甘苦与共,携手走过人生的风雨历程。

2. 恋爱动机要健康纯洁

恋爱的目的不是为了寻找生活刺激、慰藉空虚的心灵、满足性的欲望、追求物质利益等,而是为了寻求志同道合、白头偕老的终身伴侣。恋爱动机是否健康、纯洁,直接关系到恋爱是否能够成功,是否能够建立幸福美满的家庭。在现实生活中,那些因追求物质金钱、追求容貌外形、追求门当户对而遗憾终生的爱情悲剧并不少见。只有建立在高尚纯真的爱情基础上的恋爱才能够在生活的征途中风雨同舟、患难与共。

3. 心理相容

心理相容有两层含义:其一是指恋爱双方品质、情操、价值取向的一致性;其二是指能宽容对方与自己的差异性。

恋人之间的心理相容是恋爱成功的心理背景。心理相容可以巩固和发展爱情。一对恋人如果彼此心理相容,就能体验到欢乐、幸福与美好,否则就会感到痛苦、惆怅与失望。双方心理相容的程度越高,爱情就越和谐,婚姻就越美满,其中恋爱双方的观点、信念、情操与感情是否一致是决定心理相容的最重要因素。

这里所说的心理相容,并不是要求两个人的兴趣、爱好、性格、气质等的个性心理特征绝对一致,而是指双方是否有共同的理想和志向,是否具有高尚的品德和情操,是否能够相互理解、相互承认、相互弥补、相互影响来取人之长、补己之短等。

(三)恰当的恋爱方式

在恋爱过程中,选择什么方式表达爱情,不仅仅反映了一个人的道德情操、思想修养,而且对恋爱的成败也起着至关重要的作用。因此,大学生在恋爱过程中必须形成恰当的恋爱方式。

1. 准确把握感情的分寸

在恋爱过程中,由初恋到产生真正的爱情要有一个培养和发展感情的过程。一般来说,成功爱情的形成要经过一个由低到高的发展,即由同志感情到友谊,最后再发展到爱情。任何超越恋爱感情发展阶段的"飞跃"而成的爱情,都会缺乏真正的了解和认识,缺乏必要的感情基础。因此,在恋爱过程中,恋爱双方要准确把握恋爱中感情的分寸,既不要在"不到火候"的情况下做出过分亲昵的举动,吓跑对方,也不要时机成熟时关起感情的闸门,使对方产生误解,以至错失良机,影响爱情的进一步发展。

2.要文明地表达爱情

高尚纯真的爱情需要在表达爱情的方式上讲究文明。人是社会的人,人的一切言行必须符合正确的社会规范和社会环境,为社会所认同和接纳。青年大学生在对对方爱意的表达上也应如此。男女间表达感情的方式有高雅与粗鄙、健康与庸俗、含蓄与放荡之分。高雅、健康、含蓄的感情表达方式给人以美的感受,使双方的人格更加崇高,灵魂得到净化,从而使人成为真正意义上的人。那种不分时间、地点、场合,任意放纵自己的感情,过分亲昵,举止轻浮,就可能带来不良影响,甚至毒化社会风气。这种粗鄙、庸俗、野蛮放荡的感情表达方式不仅是不尊重对方的人格,而且也是不尊重自己的人格,是把人降低到动物的水平上,把人类的爱情降低到动物本能的水平上。

二、正确对待爱情在生活中的位置

正确对待爱情在生活中的位置,首先要摆正爱情在人生中的位置。没有爱情的人生是不完美的,但爱情不是人生的根本目的,只为爱情而活着是苍白的。人生的主宰应当是事业。在择偶方面,大学生也应把对方有无事业心和拼搏精神作为择偶天平上一个重要砝码,把爱情的幸福寄托于事业的奋斗中。其次,要摆正爱情在大学生活中的位置。大学生应该认识到,在短暂的大学学习阶段,坚持学业才是第一位的,要树立崇高的理想和远大的目标,避免和克服爱情至上;要明确在终身学习的当今时代,大学的学习与未来的事业息息相关,也是爱情和未来婚姻美满的基础。此外,大学生也应学会正确处理恋爱与集体活动、社会工作的关系,学会正确处理恋爱与团结其他同学的关系。

三、培养爱的能力

爱是一种能力,也是一种艺术。因此,只有掌握了爱的艺术,具备了爱的能力,才会正确地面对和处理爱情。培养爱的能力,大学生可从以下几点入手。

（一）识别爱的能力

对于渴望爱情的大学生来说,学会识别爱的真伪,是迎接爱情的必要准备。为此,大学生必须要明确,好感是一种知觉性的且比较浅表的感情。与爱情并不等同,好感有可能会发展为爱情,但也可能不会发展成爱情；感情冲动并不是爱情,往往只会导致让自己后悔的愚蠢举动。

（二）表达爱的能力

一个人在对某一异性产生了爱并进行了理智分析后,就应该勇敢地、用正确的方式对其进行表达,以免错过爱情,这就是表达爱的能力。在表达爱时需要具有信心和勇气,也需要选用恰当的语言与方式,还要做好被拒绝的心理准备。

（三）接受爱的能力

这里所说的接受爱的能力,指的是一个人在面对他人爱的表白时,能够及时进行准确的分析与判断,继而明确表明自己的态度,或接受、或拒绝、或再观察。

一个人若是缺乏这种能力,要么难以把握住真爱,要么匆忙地接受不适合自己的爱,继而使自己和他人都受伤。因此,大学生必须要注意培养自己接受爱的能力。

第七章　大学生恋爱心理与积极爱情观的构建

（四）拒绝爱的能力

一个人在面对自己并不希望得到的爱情时，能够理智地进行拒绝，这便是拒绝爱的能力。

爱情是不能够有勉强和接受的，因而一个人在面对爱情时必须要具有拒绝爱的能力。一个人若是缺乏这种能力，在面对一份自己并不希望得到或是不适合自己的爱情时，便无法做出正确的决策，继而对两个人都造成严重的伤害。

虽然每一个人都有权利拒绝自己不想接受的爱情，但是对每一种真挚的感情都予以珍重是对他们起码的尊重，也是个人自重的行为。因此，在拒绝他人的爱时，要注意采用恰当的拒绝方式，切不可对他们的心理造成危害。

（五）发展爱的能力

发展爱的能力，并不是非要具体到对某一异性的爱，可以是更广意义上的爱。我们的亲人，我们的同学朋友，我们的祖国和人民，都值得我们去热爱。具体来说，发展爱的能力就是培养我们无私的品格和奉献精神，或者说是一种牺牲精神。发展爱的能力，还要培养善于处理矛盾的能力，有效地化解消除恋爱和家庭生活中的矛盾、纠纷。从恋爱到结婚，是爱情生活的转折，爱情从浪漫变得实际，从炽热变得冷静；如何使家庭不成为爱情的坟墓，如何使爱情不断更新、不断发展，这都需要有发展爱的能力。大学生在培养自己发展爱的能力时，可具体从以下几方面着手。

第一，在爱情的发展过程中，双方要有意识地培养自己的人格魅力，要不断地丰富自己，增强相互的吸引力。

第二，在爱情的发展过程中，双方要保持自己独特的个性，不能让自己消融在对方的影子里，但同时又要保持与对方和谐，两心相悦，互补为美。

第三，在爱情的发展过程中，要不断提高处理各种问题（与异性朋友的关系问题、与对方家人的关系问题、家庭与事业的关系问题、原则问题与非原则问题的处理方式等）的能力，要能长袖善舞，使爱情健康稳定发展，充满浪漫、温馨和幸福。

（六）承受恋爱挫折的能力

大学生在恋爱中不可避免地会遇到一些挫折，如单恋、失恋等，这些挫折是对大学生心理承受能力的一种考验，大学生只有切实承受起这些挫折，才能不断增强自己爱的能力，继而迎来美好的爱情。

四、培养文明的恋爱行为

大学生在恋爱过程中只有具有高雅文明的恋爱行为，才能使爱情的愉悦心理效应得到充分发挥，并促进爱情顺利进行。因此，培养文明的恋爱行为对于大学生积极恋爱心理的形成也具有重要的作用。

（一）恋爱中要平等相待

恋爱中的男女必须要平等地对待对方，不能总是抬高自己、贬低对方，也不可总是拿自身的优点去比较对方的不足，更不可总是对对方进行考验或是摆架子。否则，恋爱对象的自尊心会受到伤害，双方的感情也难以深入发展。

（二）恋爱言谈要文雅

恋爱双方在交谈时应自然、诚恳、坦率，不要为了显示自己而装腔作势、矫揉造作，更不能态度高傲、出言不逊，使对方自尊心受损。否则，恋爱行为将难以维系。

（三）恋爱行事要理智

大学生在恋爱过程中不可避免地会出现性冲动。在遇到这一状况时，大学生一定要注意克制和调节，并通过参加文娱活动等方式对其进行转移和升华，以便将恋爱行为限制在社会规范内，不致越轨，这样双方的恋爱也能继续健康发展。

（四）恋爱行为要大方

男女双方初次恋爱，通常会感到紧张和羞涩。随着交往的加深，双方的交往会变得逐渐自然大方。在这一时期，一定要十分注意自己行为举止的检点。有些青少年在恋爱时很容易因情感冲动而较早地出现不合时宜的亲昵动作，从而引起对方的反感，导致感情无法正常发展。

五、摆正恋爱与学业的关系

在人的感情生活中，爱情占有重要的地位。需要强调的是，爱情不是人生的全部内容，孤立的爱情是不存在的，没有事业的爱情终将不会长远。对于大学生来说，学业是其第一要务，它与未来的事业息息相关。大学生应当将学业和事业放在首位，恋爱则处于从属地位，即学业高于爱情，爱情不能影响到学业。

在很多时候，爱情属于一种狭隘的私人感情，如果过分地追求爱情，会在一定程度上降低人本身的价值。从客观角度来讲，爱情并不一定会影响学业，大学生如果能够摆正恋爱与学业的关系，将爱情建立在学业的基础上，那么不仅能够促进自己学业的提升，还能使自己拥有一份乐观向上、不断进取的人生态度。

第八章 大学生网络问题与健康网络意识的教育

时至今日,互联网的迅速发展真正为人们营造了一个崭新的虚拟空间、精神生活空间和文化空间。在网络上,人们形成了一种新型的交流方式,它改变了人们以往接受、处理和发送信息的方式,也改变了信息存在的方式,重新调整了人们之间的连接渠道等。对于大学生而言,网络早已成为他们日常学习、生活、娱乐必不可少的组成部分,或者说大学生的生活已经离不开网络。网络给大学生带来了全新的理念、丰富的知识,甚至改变了大学生的思维方式,对其行为模式、生活方式、价值取向、心理发展、道德观念等也产生了巨大的冲击,其中引发的心理问题更是受到了全社会的关注。因此,加强大学生的健康网络意识教育也迫在眉睫。

第一节 互联网与大学生

一、互联网的特征

互联网(Internet)又叫"因特网""国际互联网"和"计算机互联网"。据最近经权威部门确定,第一个字母大写时,作为专有名词的 Internet 译为"因特网",而当第一个字母小写时,internet 意译为各类作为"网络的网络"的"互联网"。互联网有时也被简称为"网络",中国规定 Internet 标准名称为"因特网","网络"是

第八章　大学生网络问题与健康网络意识的教育

internet 的汉译俗称。它主要是指由全球的计算机等终端通过采用传输控制协议和网际互联协议（TCP/IP）连接而成的一个庞大的带有共享性的全球信息系统。互联网集报纸、广播、电视三家之长，实现文本、图片、音频、视频等素材的有机结合，并使受众全球化，是传播领域一次革命性的飞跃。相对于报纸、广播和电视等传统媒体而言，网络媒体具有以下鲜明的特征。

（一）信息量大，覆盖范围广，资源可共享

信息经过了数字化的处理，高密度存储在客户服务器上，互联网连接了覆盖全球的数以亿计的电脑终端，凡是与网络相连的用户计算机均可以分享网络上的信息资源。因此，互联网是迄今为止容量最大的传播介质，网络系统的开放性和共享性使其信息容量几近于无限。这就使得世界变成了一个信息交流系统的整体，全球变成了真正意义上的"地球村"。

（二）传播与更新速度快

报纸需要打字、排版、制作胶片、印刷，广播、电视需要录制、剪辑、配音等程序，与之相比网络新闻制作和传播则可以直接在电脑上一次性完成：网络媒体可以用光的速度交换信息，瞬间便可把信息发送到所有用户手中，不受印刷、运输、发行等因素的限制，可以随事件的发生、发展随时发布最新的消息。另外，网络的拷贝功能使得信息的复制变得准确而又完整。

（三）具有信息检索功能

网络的信息搜索功能极大地提高了人们使用信息的效率。信息搜索常用搜索引擎和搜索软件。搜索引擎是指互联网上专门提供查询服务的网站。这些网站通过复杂的网络搜索系统，将互联网上大量网站的页面收集到一起，经过分类处理并保存起来，从而能够对用户提出的各种查询做出响应，提供用户所需的

信息。搜索软件的最大特点就是可以同时启动互联网上的多个搜索引擎进行搜索,能得到更多、更详细的信息。

(四)具有多媒体功能

网络媒体打破了传统媒体的界限,网络上的信息可以以文字、声音、图像和视频等多种形式呈现。在网络上,人们可以获得报纸上新闻的完整报道、电视上新闻事件的活动图像和杂志上关于重大事件的深度分析。多媒体技术的应用,使通过网络传达的信息刺激了人们的视觉、听觉、触觉等,增强了传播效果。

(五)虚拟性

网络世界是人类通过数字化方式,链接各计算机节点,综合计算机三维技术、模拟技术、传感技术、人机界面技术等一系列技术生成的一个逼真的三维感官世界。它以知识、信息、消息、声音、图像和文字等作为自己的形式。在这个世界里,一切都是虚拟的,虚拟的邮局、虚拟的图书馆、虚拟的医院、虚拟的社区、虚拟的爱情和家庭,甚至连身份都可能是虚拟的。在虚拟的互联网中,人们可以根据自己的需要,任意创造自己喜欢的角色,做出在现实社会中难以做出的事情,人们的行为也因此具有了虚拟化和非实体化的特征。在互联网世界里,任何人都可以根据自己的喜好和需要扮演适当的角色。

(六)交互性

网络不同于电视、广播的信息单向传播,而是一种双向的信息交流活动,受者不仅是信息资源的消费者,也是信息资源的生产者和提供者。网络的互动表现在两个方面:首先,受众可以自由选择信息,较少受时间和空间的限制;其次,借助于网络,传者也可以快速、低成本地收集受众的反馈信息,从而提高传播效果。

第八章　大学生网络问题与健康网络意识的教育

二、网络互动的隐忧及效能

网络空间是一个文化多元、价值多维,充斥着多种异质因素;它的虚拟性特征既给人以创造性,又产生虚假性;其开放性特征既给用户广阔自由,又带来失律失范。

(一)网络互动的隐忧

1. 虚拟空间冲淡现实世界

网络是一个虚拟的空间。从某种角度说,虚拟只是一种想象性的占有,虚拟的东西通常并不能在现实世界中客观地存在。但网络技术不但能够模拟现实,而且能够模拟比现实更为完美的场景,甚至能够把现实中不存在的世界展现出来。在这个世界里,真实的东西已经没有存在的价值,反倒是虚拟的东西可以产生激情和晕眩,人们不是从真实的感受出发寻求自身的自由和解放,而是从虚拟出发探求生活。

2. 传统修身文化与网络娱乐放纵

传统的中国文化特别强调修身的重要性,强调个体的伦理化历程,突出个体对于整体的服从性、顺从性、归属性和认同性。而网络文化所侧重的是娱乐化人生及个性化表达,个体价值凌驾于任何其他价值主体。因此,传统的修身文化与网络文化之间存在严重的分歧。

3. 自我意识的觉醒与公共意识的崩溃

在网络中个体观念被充分放大。一方面个人的生活感悟、观念态度或是烦琐牢骚等展示个性的同时也成为公开信息,从而个性进入了公共领域;另一方面群体规范缺失进一步地让个性在公共领域得到了放大。在自我传播的文化中,业余主义受到极大的鼓舞,只要是有观点的人,就可以写博客、发布视频,或者去维基百科创建条目,受过专业训练的专家和所知甚少的业余网络爱好者的界限越来越模糊。在把关人缺失、内容监管不到位的境况下,网络文化不受专业标准或职业道德的约束,反而去操控公众舆论,许多网络工具便沦为了个人名利追逐场和个人情绪的宣泄地。因此,提高网民素质,加强自我约束,增强网络公共意识成为网络文明建设的当务之急。

4. 中国传统文化遭遇多元网络文化

近几个世纪以来,现代化进程不断加快,为当代文化创造了条件,同时也使传统文化的生存和发展面临新的挑战和问题。网络提供的表达平台使得人们畅所欲言,完全抛弃一切顾虑表达自己的观点,尊重自我的典型的西方文化对中国的传统文化是一个不小的冲击。面对网络化进程的加快,传统文化的保护和发展,已经不再是一般意义上的传承和延续,而是从内涵到外延的不断创造和更新,在接触世界文化多样性的同时,注意保护和弘扬传统文化的精华。

(二)网络互动的效能

网络的功能有效地"击中"了传统媒体的缺陷,迎合了人们寻找自我表达新方式的需要。对于个体来说,网络提供了展示自我的平台,通过述说自己的故事,打开心结,重新构建与外界的和谐关系。

1. 记录并展示自我的平台——述说自己的故事

网络赋予个体一个现代化的书写平台,用于记载个体的经验,即每日发生的事、经历和观察的东西。个体经验完全属于作者自己,反映了自身的成长经历,这些私下的经验和故事的传播,既不需要证实,也不需要证伪。很多人乐于在网络上表达自己的原因还在于,他们展示着自己丰富精彩的内心世界。人是一种社会动物,必须在与他人的交流中感觉自己的存在。网络的有些功能不但使人在世界中,而且处于世界的中心。在属于自己的地盘里,每个人每一次的思想波动都能引起共鸣。人们在自己的"地盘"记录生活、宣泄情感,不仅通过网络上的页面或文字,更多的是以独特的表达吸引公众注意力,全方位展示自己。

2. 网络加速了大学生社会化的进程

作为一种弘扬个性化的传播方式,网络充分利用了大学生好奇心强、强烈的交流欲望、渴望获得他人认可、寻求思想上的自由等特点,将大学生的发展欲望与其对社会的价值的认可很好地结合在一起。在大学生社会化的过程中,外部的社会生活环境对个人社会性的形成、发展和实现起着举足轻重的作用,因而网络信息传播和交流活动也给大学生的社会化带来了深刻影响和广泛作用。网络开阔了大学生认识世界的视野,使其可以在一个比以往更加宽广的社会环境中寻找和收获所需的社会知识,培养生活技能。

三、大学生网络应用的心理需求分析

随着校园网络技术的发展与普及,大学生上网人群日趋增多,上网已经成为大学生生活不可缺少的一部分。了解大学生上网心理,是开展大学生网络心理健康教育的重要前提。大学生上网心理分为积极的心理需求与消极的心理需求两种心态。

(一)积极的心理需求

1. 学习心理需要

互联网以其信息快、内容新、手段先进等优势极大地吸引了大学生的好奇心,引起了他们的特别关注和兴趣,激发了他们学习和掌握网络知识和应用技能的欲望,很多大学生利用网络浏览新闻,查询资料,满足了学习知识、增强能力的心理需求。

2. 参与心理需要

网络平等自由的氛围适应了当代社会中对自由、平等呼声最

高的大学生群体。在网络这个虚拟空间里,种种现实社会的限制消失,只要参与进来,任何人都是互联网的"主人",都可以在网上按自己的意愿和口味,做自己想做的事。很多大学生在网络上开辟自己的空间,发表自己的观点,满足了张扬个性的需要。

3. 社会交往心理需要

网络是一个开放的信息源,各种文化、思想、观念都可以在这里争鸣。这就为大学生追求开放和多元的文化、观念提供了平台。在网络上,人们没有在日常生活中的交往障碍,在虚拟世界里,人们可以在匿名的状态下表达自己真实的观点和情感,表达自己的心声,结交情趣相投、志同道合的朋友,缓解心里的孤独感。

(二)消极的心理需求

1. 弥补畸形心理的空白

很大一部分大学生上网的目的是猎奇,即追寻一种在现实生活中难以了解,通过正当渠道难以获得的奇、艳事物或信息,并借以获得感官刺激。很多大学生在精神空虚时通过网络寻求现实中无法实现的心理满足。

2. 尝试网络发财的心理需要

网络信息的丰富与快捷,使许多大学生把上网当成通往成功的捷径和有利条件。在他们眼里,网络就是商机,网络就是生财之道。同时,一定程度的社会误导也使大学生对"成功"的理解产生了偏差。于是,电子商务、留学资讯、成才捷径、求职之路就备受一部分大学生的关注。他们渴望凭借这些信息省一些力气,走一步先棋,成为网络时代的成功人士。很多人在这样的环境下萌生了"发财"心理。

3. 简单的宣泄心理需要

在互联网上,大学生们可以比在学校、家庭里更随意地发表自己的意见,抒发自己的爱与憎,表达自己的思想,不必担心会受

第八章 大学生网络问题与健康网络意识的教育

到限制或承担责任,平时对学校不敢提、无处提的意见可以贴到BBS上去,平时对女同学不敢表达的感情则可以在聊天室里淋漓尽致地抒发。很多大学生通过网上聊天来宣泄自己的情感,缓解心理压力,做出与平时的规范行为相悖的不可思议的荒唐行为。

4. 逃避竞争压力的心理需要

科学技术的飞速发展,社会竞争的加剧,带动了网络技术的迅速发展,很多大学生担心自己的知识更新赶不上网络的发展,会被新技术淘汰而产生了心理压力;他们预感不经常上网就会被社会淘汰,就会在竞争中落败、很多大学生不得不在压力下上网。网上人际关系的不确定性与隐匿性,给大学生的心理压力开辟了新的缓解渠道。部分学生在现实中受挫时,往往愿意到虚幻的网络空间去倾诉,互联网成了他们逃避现实、寻求自我解脱的一个良好的渠道和环境。

5. 实现虚拟自我价值的需要

强烈的自我意识是大学生群体的一个显著特征,虚拟的网络可以成为大学生实现自我的一个理想王国。在网络上,大学生可以享受到网络特有的平等、自由、成功、刺激的感觉,满足他们部分的自我实现的需要。当然,虚拟的自我实现心理还会导致一些不道德的行为甚至是犯罪行为。

6. 满足逆反心理的需要

在现实社会中的不和谐、不满,使很多大学生想通过网络来满足自我的心理需要。自卑是不信任自己的能力,用失败来衡量自己及未来的一种心理体验。它来源于心理上消极的自我暗示。这种心理常见于那些初次尝试的大学生,当他们怀着兴奋与好奇的心理来到网上,网络的虚拟性可以消解他们的自卑心理,通过过激行为、暴力行为来满足消除自卑心理的目的。

第二节 大学生不良网络心理及其调适

一、大学生网络心理问题的表现与特点

网络心理问题是指由于对互联网的认识和使用不当而引发的不良心理反应。当代大学生作为最大的一个网络群体,因为其特殊的心理特征而受着互联网这把双刃剑的巨大影响。他们从网络那里获得了大量的信息,拓宽了知识面,这有利于大学生的全面发展。但网络空间无奇不有,这对还没有很强的辨别是非和自控能力的大学生来说,很容易产生不良诱惑。当代大学生正面临着前所未有的网络危机。大学生作为最大的网络群体,因其特殊的心理特征,受到了网络环境最深刻的影响,也催生了许多心理问题,如自我封闭、网络孤独、网络迷失、网络焦虑、网络依恋、网络强迫、网络抑郁等。

(一)自我封闭

现代网络和通信技术是以人机对话的形式进行的,直接颠覆了传统的人与人之间面对面的交往方式。网络可以忽略我们所处的现实环境而与另一个不知身份、年龄、性别的人进行思想上的交流,割断了真正意义上的人际交往,容易使大学生产生与现实生活的距离感,产生交际情感障碍。同时,网络世界的相对独立性、隐蔽性、诱惑性容易使一些在现实世界人际交往受阻的大学生转向虚拟世界寻求安慰和满足,必然导致其在现实生活中人际交往能力的弱化。从这种意义上说,网络剥夺了大学生日常的交往权利,使他们成了"孤独的电脑人和上网人",从而阻碍了大学生心理健康的良性发展。

第八章　大学生网络问题与健康网络意识的教育

（二）网络孤独

网络孤独就是过分地依赖网络,淡化了个人与社会及他人的交往,远离周围伙伴,慢慢地对丰富多彩的现实生活失去了感受力和参与感,变得越来越孤僻。网络所能给的只能是键盘、鼠标和显示器所造就的书面语言甚至是直接复制的网络语言,这对于那些善于通过身体语言来解读对方心理的大学生来说无疑形成了沟通障碍,"无所不能"的网络反而增加了他们的孤独感和压抑感。网络孤独多发生在性格内向者身上,其典型症状是:沉溺于网络,脱离现实,寡言少语,情绪抑郁,社交面狭窄,人际关系冷漠。他们一天中大部分时间都在网上度过,对自己不再有任何控制,表现出逃避现实的心理现象。

（三）网络迷失

情感是指人们对外界事物采取的某种态度,并由此产生的诸如喜、怒、哀、乐、惧、愁等各种不同的内心体验。大学阶段是自我意识发展的重要时期,外界环境和社会条件的急剧变化可能导致一些人的情感活动异常。一些在现实生活中"不得志者"在网络世界的过分张扬、攻击等表现,就属于情感活动异常。人们无法通过信息传递和双方的互动这些现实中人际交流的过程来修饰和填充信息的感情色彩。科学研究表明,大学生正处于情感体验的高峰期,情绪起伏大,情感体验强烈,一些大学生沉迷于网络之中不能自拔,阻断了社会情绪体验的渠道,使自己在人—机交往中逐渐变成了情感冷漠的机器,造成了情感的迷失。

（四）网络焦虑

网络焦虑有网络适应焦虑、网络信息焦虑、网络安全焦虑之分。

1. 网络适应焦虑

大学新生,特别是来自经济落后地区的农村学生,接触互联网比较少。当他们进入大学面对色彩斑斓的网络界面,看到层出不穷的各种电子书籍、电脑软件,看着周围同学熟练地使用网络自由地浏览、聊天,自己却有很多不懂时,倍感恐惧和迷茫。他们害怕别人嘲笑自己是"网盲",害怕自己被五花八门的网页和软件弄得眼花缭乱而使学习成绩远远落后于同学,迷茫感和无所适从的焦虑心理很普遍。还有的大学生虽然比较熟悉计算机操作和网络使用,但还是担心自己会跟不上网络的快速发展,怕掌握不了新的网络技术而被无情地淘汰。

2. 网络信息焦虑

互联网是信息传播的载体,网民通过网络输入信息、传播信息也共享着信息,信息在网络上与日激增,其直接结果就是造成信息数量的无限性,我们在用输入和传播的信息实施"轰炸"时,也被海量信息"轰炸"着。当我们面对一个过度的信息刺激情境,尤其大量的信息是无意义的信息时,我们往往会因无所适从而焦虑;当我们吸收的阅读量超过消化所需要的能量时,日积月累,最后会因为压力与过度刺激转化为信息焦虑症。

3. 网络安全焦虑

安全性表现在人际安全和技术安全两个方面。网络人际交往中,人们不仅很容易隐藏自己的真实身份,还很容易把自己装扮成所希望的人,因此很难区分网络里谁是善良的人、谁是欺骗的人。大学生的交往需求高,欲望强,在网络上很容易建立交往关系,但缺乏辨别力的学生容易误入居心不良的人的圈套,导致上当受骗。这种不安全的隐患给大学生的网上交往带来担心和忧虑。网络技术发展日新月异,但也存在技术上的漏洞,一些人利用这些漏洞进行黑客活动,侵犯网络用户隐私或经济、名誉的损失,没有安全感可言。

第八章　大学生网络问题与健康网络意识的教育

（五）网络依恋

网络依恋是指个体由于长时间沉溺于网络而与网络之间结成的特殊情感关系。应该说，现代人无论是学习工作、日常生活还是娱乐，在很大程度上都离不开网络，上网的时间呈现逐渐延长的趋势。因此，这里提到的网络依恋并不是仅仅指每周上网的时间长，更主要的是指在网上利用时间的方式。有资料显示，"在网络依恋者中，35%的时间用于聊天，28%的时间用于多用户互动游戏；而在非网络依恋者中，55%的时间用于网上办公、接发电子邮件、联系业务，24%的时间用于查阅网上图书馆、下载软件等信息收集上"[1]。大学生的网络依恋包括多种类型，按照所占比例的多少排列为：一是网络信息依恋——完成作业或其他工作任务时，很少自己思考，总是习惯于在网上寻找现成的答案；二是网络交际依恋——利用各种聊天软件以及网站开设的聊天室长时间聊天；三是网络游戏依恋——沉迷于网络设计的各种单机或联机游戏中；四是网络恋情依恋——沉醉在网络所创造的虚幻的罗曼蒂克的网恋中；五是网络色情依恋——在网上所有的色情音乐、图片以及影像中流连忘返。

（六）网络强迫

现在很多大学生情不自禁地成了"微博控"，有些大学生每天要发十条以上的微博才感觉舒服，经常毫无原因地打开微博，欲罢不能地反复刷新微博，哪怕每次刷新看到的都是一些无聊的回复；有些大学生强烈关注自己微博上的粉丝数；有些大学生只要登录微博就会保持高度兴奋，在宿舍玩微博的时间远远多于学习的时间，就连去趟洗手间也要带上手机看微博；还有的大学生总是有信息危机感，担心自己每天接收的信息不够，以至于每天不停地浏览信息，晚上睡觉前都强迫性地多次打开网络浏览最新信

---

[1] 谭芳. 大学生心理健康教程[M]. 北京：化学工业出版社，2014：116.

息,大大影响了睡眠质量。

(七)网络抑郁

网络抑郁是由上网引起的持续时间较长的低落消沉的情绪体验,对什么都提不起兴趣,常常感到精力不够,注意力难集中,思维迟钝,同时伴有痛苦、羞愧、消沉、自怨自责、悲伤忧郁的情绪体验。自我评价偏低,对前途悲观失望。处在网络抑郁状态下的大学生常常精神萎靡不振,缺少青少年应有的朝气和活力,对生活失去广泛兴趣,感觉迟钝、容易疲劳,严重者甚至会轻生。调查显示,上网时间长了以后,下网后的确有一部分学生有轻重不同的抑郁症状。例如,上网后"闷闷不乐、心情低落";"昏昏欲睡、不愿去上课、学习";"不愿回到现实中,感觉失落、情绪低沉、什么也不愿干";"懒得见人,对干什么事都嫌麻烦";"早上不愿起床,心绪不宁"等。

二、大学生网络心理问题的调适

大学生网络心理问题的调适,可从以下几点入手。

(一)正确认知网络

网络是一把双刃剑,互联网世界既是一个充满自由、开放、平等的世界,也是一个充满着诱惑与陷阱的危险之地。对于大学生而言,应该看到网络只是一个工具,网络资源是人类社会不可缺少的财富,对互联网的破坏与滥用就是对社会正常秩序的极大破坏。大学生只有对网络树立正确的认知,才有可能正确地面对,合理地使用网络资源,准确把握自我,认清自己的真实需要,处理好现实社会与虚拟社会的关系,避免网络心理问题的产生。

(二)加强自律

对于一个人来说,只有自律才能既充分体现其自尊、自主与自由,又充分培养其自我控制力,养成良好的"慎独"习惯。在互联网社会里,由于信息含量十分巨大,各种文化与价值理念交织纷纭,各种论断莫衷一是,各种诱惑比比皆是。另外,互联网社会缺乏强大的外在约束。在缺乏较强他律或几乎难以感受到较为直接的他律影响力的互联网社会,自律的重要性显得尤为突出。一个缺乏自律的人不可能是一个自尊自重的人,也不会是一个能获得自由与自我价值实现的人。大学生应合理安排好自己的日常生活,保持正常的生活、工作、学习规律,控制上网时间。同时,要勇于直面现实,直面人生,多参加有益的社会活动,从互联网的迷恋中解脱出来。

(三)进行团体心理辅导

团体心理辅导是由心理辅导者指导,借助团体的力量和各种个体心理辅导理论与技术,就团体成员心理问题与他们面对面的共同商讨,为其提供心理帮助与指导,提供行为训练的机会,使每一位团体成员学会自助,以此解决团体成员共同的发展或共有的心理障碍,最终实现改善行为和发展人格的目的。团体心理辅导把求询者放入辅导与治疗团体中,建构一个群体环境。在团体中,互联网心理障碍者发现自己的心理问题并不是独一无二的,团体中的其他人有着相似的忧虑,甚至比自己还要严重,有着许多相似的情绪体验,从而降低心理上担忧与焦虑程度。由于"同病相怜",他们的心理认同感很强,群体归属感增强,他们感受到社会和心理的支持,服从群体的从众行为增加,群体的稳定性提高。团体辅导方式有师生辅导、成员互相辅导、讲座、小组讨论、行为示范等。

(四)改善互联网环境

良好的互联网环境培育健全的人格,恶劣的互联网环境造就有缺陷的人格。为了保障大学生互联网心理的健康发展,还需要社会、学校等多方力量共同关注大学生的成长,优化互联网环境,为大学生提供一个良好的发展平台。对此,可从以下几点入手。

(1)加快互联网信息控制技术研究,净化互联网信息。净化互联网信息,必须对互联网及互联网信息进行有效的管理,从技术上解决互联网管理的难题。互联网信息的控制在于对信息的过滤、选择。通过对信息的过滤,净化信息,从技术上保证大学生免受互联网上非法内容的侵害,为互联网心理健康发展提供技术保证。

(2)积极组织优秀传统文化与先进文化上网,这是优化互联网环境的积极态度。随着国际互联网的发展,全球化不可逆转的挺进,东西方文化将受到全方位的巨大的碰撞、冲突、交流、消融和吸收,这会对大学生原有的价值观念带来许多影响,造成其认知偏差与心理矛盾。改革开放的中国,不仅要与世界进行经济与物质的双向交流,更要进行文化与精神的双向交流。只有用进步的思想与文化教育大学生网民,才有可能塑造出健康成长的大学生。

(3)适应互联网时代特点,改进高校教育与管理。高校教育与管理工作的重点是培养大学生鉴别是非的能力,积极开展各种互联网活动,自身装备"互联网心理健康防火墙",使大学生自觉地维护和保护自己的身心健康。高校应该帮助建立各种团体,在学生参加团体组织的活动过程中,满足他们被接纳、关爱和归属的需要。

(4)开展网上心理咨询。开展互联网咨询应以从各方面入手:一是利用互联网快捷、保密性好、传播面广的优势,开设网上心理咨询,如设立心理咨询网站,传播心理知识,进行网上行为训练的指导,开设在线心理咨询;二是抓好学生上网的网际交往心理特征、互联网心理障碍、虚拟与现实人际关系比较等大学生互联网心理问题的研究,确立一套可操作的、有效性强的互联网心理障碍咨询方案。

第八章　大学生网络问题与健康网络意识的教育

第三节　健康网络意识的教育

一、塑造网络道德人格

网络中的各种行为引发的问题往往涉及道德教育和责任教育,因此网络道德教育势在必行。一方面,学校德育必将注入网络道德教育的新内容。另一方面,学校必须将网络道德教育纳入信息网络课程。只有在学校德育和网络技术教育中加强网络道德教育,才能增强学生网络道德意识,塑造高尚的网络道德人格,提高学生网络道德自立能力,从而平衡学生的网络道德心理。

(一)网络与道德人格

网络作为一种智能化、技能化的信息媒介,其本身是没有道德人格的。但网络一旦进入大众传播过程,就不仅涉及网络技术,而且涉及网络道德。网络道德失范行为,会破坏新时期大学生的人格养成。

所谓道德人格,即作为具体个人人格的道德性规定,是由某个个体特定的道德认识、道德情感、道德意志、道德信念和道德习惯的有机结合。道德人格不是先天的,而是人们进入社会道德生活以后,在不断地处理围绕着他本人而发生的种种道德关系,不断地进行各种各样的道德实践的过程中,被逐渐塑造而成的。

所谓网络道德人格,就是在网络社会中每个网络个体人格的道德性规定,是网络个体特定的道德认知、道德情感、道德意志、道德信念和道德习惯的有机结合。它既是道德客体自觉接受和内化道德规范的结果,又是长期熏染的心理基础。从有关调查中可以看出,当前大学生还没有完全协调好网上与网下的关系,他们对自己在现实社会与网络社会的道德要求不一样,实行的是双重道德标准。

(二)大学生网络道德人格目标

1. 摒弃网络庸俗、低级文化的污染,极力培养健全的、积极向上的道德人格

这是网络社会的基本道德人格目标,是让大学生们具有一个网络公民应有的人格素质和道德水准。当前,互联网发展迅速,信息庞杂,既有大量进步、健康、有益的信息,也有不少消极、迷信、黄色的内容。网络对处于心理断乳期的大学生道德目标的养成有着重要影响。而目前开设的大学生专门网站,由于经费、人员、技术和体制的限制,其内容、形式等方面还与大学生实际需求存在差距,加之宣传和引导不够,尚不能真正发挥主导作用。因此,我们要高度重视健康网络文化的建设,加大网络道德的宣传力度,使大学生明确现实道德规范在网络社会中的价值和意义,帮助学生们识别和抵制网上不良思想意识的能力。同时,要加强网络管理,把网络对大学生道德教育的负面影响降低到最低限度。此外,要在纷繁复杂的网络虚拟空间中加强学校德育观念的导向。学校的德育要让学校从各种各样的思想旋涡中走出来,培养学生的协作精神,培育学生健全的心理和性格。

2. 弘扬民族文化,增强在网络空间的自我认同感

这种自我认同既包括对本民族文化的认同,也包括对自身个体价值的认同。强烈的民族认同心理是中华民族产生巨大凝聚力的心理基础。而随着网络技术的发展,数字化可以把任何信息转化为二进制的数学语言,从地球任何一个地方无限量地向另一个地方传输。因此,中华文化不可避免会被卷入交织着交流与冲突的旋涡之中。再加上西方某些发达国家通过因特网推行文化霸权主义,不仅一方面有组织地利用因特网进行文化输出,而且在技术方面也力图掌握网络控制权。这就使得中华文化必然会陷入"文明的冲突"之中,而以民族文化为基础的民族认同心理

必然会弱化。这种弱化的趋向对大学生来说更明显。在网上加强民族文化教育,让大学生自觉继承和发扬中华民族的优秀文化,从而产生强烈的中华民族认同心理,是网上心理健康的教育的重要内容。当然,我们既要向青年大学生提供传统文化的精神食粮,又要引导他们正确利用人类社会包括西方国家在内的优秀文化成果。在传统文化教育中,要加强正确的世界观、人生观、价值观以及爱国主义、集体主义、社会主义教育。

3. 网络时代的理想道德人格应培养主体性道德人格

每一个时代都有自己的理想道德人格,它体现着一个时代的人生追求和价值取向,体现着做人的方向和人格标准。主体性道德人格,即独立、理性、自由的道德人格,用描述性话语来说,就是处变不惊、清醒从容、有所执着、敢于担待的道德人格。如果说理想人格是时代精神在个体人格上的凝聚,那么主体性道德人格则是网络时代理想人格更为内在或更为本质的方面。主体性道德人格作为个体生命最为独立、理性、自觉、自为、自由的存在方式,使个体的道德行为植根于明敏的心灵、无畏的勇气、坚强的毅力和热忱的信念成为可能。主体性道德人格教育力图标识这样一个方向,即个体人格尊严的确立和对个人自主选择的新生既是道德教育的目标,也是道德教育得以有效进行的前提。

(三)大学生网络道德人格塑造

大学生的心理尚未成熟,但是他们对世界和人生已经有了自己并不成熟的观念。加强学生的自主与自治,唤醒学生的主体意识,使学生获取一种道德人格上的进取动力,是有助于塑造大学生的网络道德人格的。个体自身的自律精神对道德人格的塑造具有重要的作用。重视个人的道德修养是儒家传统文化的核心价值,我们要摒弃其中的封建糟粕,吸收符合现代价值的精华用来指导青年做人。

1. 知行统一

当代大学生中知行脱节的现象普遍存在,这也是造成道德失范的一个主要原因。因此,大学生道德修养的一个重要环节就是要加强知行统一。道德知识是道德行为的先导,没有道德知识就不可能有道德行为。而这些知识不是个体先天所具有的,它们是不断学习和思考的结果,所以道德知识的学习是十分必要的。这种学习的目的在于理解和把握道德必然,形成科学的道德知识系统。

2. 自我磨炼

个体的善不是一蹴而就的,需要有一个不断积累和深化的过程。所谓自我磨炼,就是要通过善的积累,不断巩固强化,逐渐凝固成优良的品德。这种道德修养方法,实际上就是强调对人的道德意志的磨炼,只有不断加强对自我的磨炼,才能步入更高的道德境界。

3. 内省

所谓"内省",是指自己在内心反省自己的言行,扫除邪恶的、不好的东西,保留善的东西,去恶存善。内省的修养方法,是一种自我锻炼的修养方法。道德修养的一种重要方面,就是用正确的道德原则和规范,不断清洗、克服错误的道德观念。一个人只有在内心严于解剖自己,对一切错误的道德观念毫不留情地进行自我批评,坚决抛弃,才可能成为一个符合时代精神的有道德的人。

二、培养网络心理素质

关注大学生的网络心理,提高大学生网络心理素质,是大学生适应网络社会环境的重要保证。面对网络这把"双刃剑",大学生要学会趋利避害,在网络虚拟空间和现实世界中健康地学习和生活。为了提高网络社会的自存和发展质量,大学生要不断加强网络心理素质的养成、培养和调适,完善自己的网络心理素质结

第八章　大学生网络问题与健康网络意识的教育

构,增强网络心理免疫和防御能力,塑造良好的网络心理品质。

（一）大学生网络心理素质的内容

大学生网络心理素质的主要内容有健全的网络自我意识和网络人格、高尚的网络道德和行为、优雅的网络情趣、自觉的网络规则意识等。

1. 健全的网络自我意识和网络人格

网络自我意识是指个体在网络行为活动和网络社会中对自己的身心、自己与别人以及自己与周围世界关系的意识,是人格结构的核心部分。大学生正处在青年中期,是从少年走向成年的过渡期。这个阶段正是人生观形成的关键时期,其心理发展正迅速走向成熟但尚未真正完全成熟。他们的自我认识具有理想自我与现实自我等多重矛盾性。处于心理并不完全成熟期的大学生,一旦沉迷于网络这个虚拟的空间,就会容易丧失自我。大学生必须自觉养成良好的网络自我意识,确保自己在网络环境中保持清醒认识和理性思维,不迷失自我。

大学生健全的网络人格是指具有健全的网络心理生活的人的人格。健全网络人格的方法,主要是在网络环境中确保自我认识现实而又客观、适应社会而又保持独立、建立适宜的人际关系、保持情绪稳定、协调人格结构。只有具备良好的自我意识和健全人格的网络主体,才有可能成为适应网络和现实社会的人。

2. 高尚的网络道德和心理品格

网络道德和心理品格,是网络心理素质养成的重要组成部分。网络给道德伦理带来的难题,如信息污染,信息欺诈,信息崇拜的负效应,对个人隐私的挑战,对知识产权保护的威胁,对网民道德人格的考验等。大学生面对诸多的网络道德伦理的考验,要学会自尊、自爱、自律、自省,提高网络道德意识和水平,养成高尚的网德和心理品格。社会应该尽快建立网络伦理规则,形成网上道德氛围,善于利用网络促进人的道德进步,抵制消极影响。

3. 优雅的网络情趣和审美格调

面对良莠不齐、充满诱惑的网络空间,大学生除了要提高自己的识辨能力,还要提高自己的审美等网络情趣。有不少大学生,由于好奇、从众或心理抵制诱惑的能力较差等原因,经常在网上使用格调低俗的语言,观看内容庸俗的信息,发表不堪入目的言论,破坏了网络有序环境。当前大学生需要提高的是包括网络图片、文字等在内的信息审美情趣和包括广告、影视、风土人情等在内的文化审美情趣,做秀外慧中的网络"情趣人"。

4. 牢固的网络规则意识

当前网络法制尚不健全,立法相对比较滞后,所以网络欺诈、网络黑客、网络垃圾、网络失信现象因缺乏应有的管理监督和约束而时有发生,严重地干扰了网络文化环境的秩序。大学生作为中知识层次较高的群体,应牢固树立网络规则意识,在网络守法中做出表率。

(二)大学生网络心理素质的培养

大学生网络心理素质的培养,是指家庭、学校以及社会力量和大学生主体通过教育、学习和实践活动有意识地,自觉自主地塑造和构建自己的心理品质,使得心理素质和品质能够充分适应网络环境和网络社会生活的过程。

大学生网络心理素质培养的重点,主要突出体现在以下几方面。

1. 培养良好的网络认知能力

网络认知能力是指网络主体对网络与人、网络与社会关系的认识能力和水平。网络认知能力的高低主要取决于网络主体的普遍认知能力、网络本身的技术含量和文化内涵,以及网络、人及社会关系的复杂程度。大学生应从以下三大方面着手加强网络认知能力的培养。第一,要用全面、辩证地认识观来剖析和认识

第八章 大学生网络问题与健康网络意识的教育

网络,积极应对。网络是继人类工业文明之后的又一伟大的人类文明,人类已离不开网络。但网络也给人类带来不少的挑战和困惑,具有不可疏忽的负面效应。对待网络,要趋利避害,积极应对。第二,大学生要想成为文明的网民,必须全面学习网络知识技术。通过学习网络科学知识、掌握网络技术技能,从科学层面的角度来认识网络,走进网络。第三,大学生必须克服从众等不良认识心理,积极、主动地做自主性强的网民,提高网络的驾驭能力。

2. 培养良好的网络交往能力

网络不仅仅是信息和知识猎取、交流的平台,也是个体促进身心健康和社会化的重要途径。大学生提高网络交往能力,应从网络交往态度、网络交往认知、网络交往中的情绪和人格等方面加以完善。网络交往最宝贵也最为重要的品质是诚信和宽容。培养良好的网络交往能力,并不是说在网上广交、滥交、乱交朋友,毫无目标,漫无边际。无论是交友还是网恋,都是善交、乐交知心、知己之友,这样才有益于身心成长和人生发展。

3. 培养良好的网络社会适应能力

以互联网为代表的互联网技术对人类社会历史产生革命性影响,并将继续对社会产生剧烈的冲击,推动人类经济、政治和文化的整体提升与转型。互联网正以极快的速度,把社会各部门、各行业以及各国、各地区联成一个整体,形成了所谓的"网络社会"或"虚拟社会"。学会适应网络社会,就是适应现实生活的一个重要过程。对大学生而言,要想完全适应现实社会,就必须进行全面的社会化塑造,使得自己成为一个适应社会生活、适应社会变化和转型的社会人。培养良好的网络社会适应能力的关键是加强实践,体验生活,不断塑造自己的社会适应性人格和技能,完善综合素质结构。

4. 培养良好的网络创新能力

培养良好的网络创新能力,要求大学生在全面掌握和了解信息网络知识和技术的基础上,利用网络优势,积极为网络技术本身进行创造性的活动,从而产生新的智慧、技术和成果。大学生是创造欲最为亢奋的时期,要高度重视自己的创新、创造潜能,在提高创新意识的前提下,培养自己的观察、注意、记忆和想象等基本能力,加强自己的合作、组织、沟通、公关、实践操作和运筹等综合能力。

5. 培养良好的网络识辨能力

网络识辨能力主要包括信息内容、信息形成和信息价值的识别和判别能力,如果缺乏这种能力,面对网络就会陷入盲从、迷失的状态。大学生尤其要提高对各种思潮和伦理价值观的判别能力,保持清醒的头脑,做出正确选择。

6. 培养良好的上网习惯

培养良好的网络心理素质,就必须持之以恒地养成良好的上网习惯。网络给大学生打开了认识世界的一扇窗户,创造了另一个求知的广阔空间,提供了超越现实生活的另一种虚拟空间。网络自身的特点和属性,迎合了大学生的心理需求和精神向往,他们渴望通过上网来求知、交友、恋爱、游戏和抒怀,网络成为大学生学习生活最为亲密的"朋友"。从整体上来说,网络给大学生带来的多是正面影响。但是,大学生如果处理不好上网与平时学习、生活的关系,养成不良的上网习惯,就会走向相反的一面,荒废学业,精神空虚,甚至造成严重的心理问题直至影响前途。因此,大学生要自觉形成良好的上网动机,满足自己积极的人生发展需要;上网时间、频率及各种安排应当遵循合理的规律,并做到行为文明。培养良好的上网习惯,应该是既乐于上网,又有所约束和节制;既满足心理的需要,又能保持充沛的精力;既充分发挥个性,尽情娱乐,也要体现大学生较高的文明层次。

第九章　大学生创业心理与创业积极心理品质的培养

当前,我国已经把鼓励和培养大学生创业作为发展高等教育的一大方向,大学生也已经成为创业时代的弄潮儿。在这样的背景下,大学生应从心理上转变就业观念,从被动走向主动,结合自己所学知识自主创业,对创业心理求得基本的认知,大学生只有拥有积极的创业心理品质才有可能取得创业的成功。

第一节　创业心理概述

创业心理是指和创业有关的心理活动和心理内容,具体来说就是创业者在创业活动中所进行的与创业有关的各种心理活动以及具备的对创业活动有显著影响的各种心理和人格特点等。

一、创业心理学理论

创业心理学理论是建立在心理学理论基础之上的,研究和探讨创业者心理的理论。概括来说,最具有代表性的创业心理学理论主要有以下几种。

(一)马斯洛需要层次理论

马斯洛把人类的需要划分为生理需要、安全需要、爱和归属的需要、尊重的需要和自我实现的需要五个层次。

生理需要是指人类对水、食物、空气以及睡眠等最基本的需要,这种需要是人类最原始的和最基本的需要,如果得不到满足,人类的生存就成了问题,也就是说,生理需要是人类最强烈的需要,也是推动人类进行其他活动的最强大动力。

安全需要是比生理需要高一级的需要,当生理需要得到满足以后就要保障这种需要了。它表现为人们要求稳定、安全、受到保护、有秩序、能免除恐惧和焦虑等。每一个在现实中生活的人,都会产生安全感的欲望、自由的欲望、防御实力的欲望。

当人们的生理需要和安全需要得到满足之后,归属与爱的需要就会产生,这种需要比生理需要和安全需要更细微、更难捉摸,是指个人渴望得到家庭、团体、朋友、同事的关怀爱护和理解,是对友情、信任、温暖、爱情的需要。这种需要与个人的经历、性格等都有关系,是一种非常难以捉摸的需要。

尊重的需要包括自我尊重、自我评价以及尊重别人三种,这种需要很多能够得到完全的满足,但只要得到最基本的满足就可以产生强大的动力。

自我实现的需要是马斯洛需要层次理论中最高级的需要,是一种创造性的需要,满足这种需要要求完成与自己能力相当的工作,充分发挥自己的潜力,努力成为一个自己期望成为的人。有这种需要的人总是能尽自己最大的能力去提升自己,去成为更好的自己。

(二)斯皮尔曼的能力二因素说

斯皮尔曼是英国著名的心理学家和统计学家,他根据人们完成智力作业时成绩的相关程度,提出了能力由以下两种因素组成。

1. 普通能力或普遍因素(G因素)

普通能力或普遍因素是人的基本的心理潜能(能量),是决定一个人能力高低的主要因素。正是由于这种因素,人们在完成不同智力作业时的成绩才会出现某种正相关。

2.特殊能力或特殊因素（S因素）

特殊能力或特殊因素是保证人们完成某些特定的作业或活动所必需的。由于这些因素起作用，人们的作业成绩才没有完全的相关。许多特殊因素与某种普遍因素结合在一起，就组成人的智力。人们在完成任何一种作业时都有G因素和S因素两种因素参加。活动中包含的G因素越多，各种作业成绩的正相关性就越高，相反，包含的S因素越多，成绩的正相关性就越低。

（三）情绪智力理论

1.J.D.Mayer和P.Salovey的情绪智力理论

1990年，美国心理学家Mayer和Salovey首次正式使用情绪智力这一概念来描述对成功至关重要的情绪特征这一概念，经过他们在1993年、1996年的修改，1997年这一概念基本定型。

Mayer和Salovey把情绪智力看作是个体准确、有效地加工情绪信息的能力集合。他们认为"情绪智力是觉知和表达情绪，情绪促进思维，理解和分析情绪以及调控自己与他人情绪的能力"。

2.Bar—On的情绪智力理论

Bar—On于1997年提出情绪智力是一系列影响个人成功应对环境需求和压力的能力的非认知能力、胜任力和技能。他还认为，情绪智力是决定一个人在生活中能否取得成功的重要因素，直接影响人的整个心理健康。

3.Coleman的情绪智力理论

Coleman认为，情绪智力本质上是一种潜能，而情绪胜任力是以情绪智力为基础的一种习得的能力，反映人们通过学习、掌握技能以及把这种智力应用到具体的情景中的能力。情绪胜任力模型为自我意识、自我调节、自我激励、移情和社交技能。

2000年，Coleman等人又对情绪智力做了描述性定义："情绪智力能够被观察到。当一个人在情境中,在适当的时候经常以有效的方式展示构成自我意识,自我管理,社会觉察和社会技能的胜任力。"

（四）成就动机理论

美国哈佛大学教授戴维·麦克利兰提出了著名的"三种需要理论"。他认为人们在生理需要得到满足以后,还有三种高层次的需要,即成就需要、权力需要和亲和力(归属)需要。成就需要是指希望能够做得更好的需要和欲望。权力需要是指影响或控制他人且不受他人控制的需要。亲和力(归属)需要是指建立友好亲密的人际关系的需要。

对于个体来说,这三种需要同时存在,但在不同时期会因需要强度的不同形成不同的优势需要,其中具有强烈的成就需要的个体是高成就需要者。

二、创业心理的形成过程

创业心理具体的形成过程划分为以下三个阶段。

（一）信息和知识的潜隐过程

个体接收的信息(知识和经验等)刺激大脑,如果刺激足够强烈,就会形成相应的意识;如果不够强烈,信息的刺激就会受到抵制,以致完全消失,有时没有受到抵制,则转化为一种信号,潜隐在大脑某个区域,并由此可能发生转变,改变原有的形式或结构,或与其他潜隐信息发生反应,进行交汇、融合。

（二）问题的提出

受外界因素的驱动,主体产生了达到某种目的的期望,这种期望触发了神经系统,使之处于兴奋、紧张或焦虑的状态,并可能表征到外部,但更多的是表征于内部。至此,不同阶段潜隐的或潜隐交融后产生的新信息被诱发出来,同时还有可能触及潜意识中的别的信息。这些信息或者积聚,或者混合,或者交融,整个过程是有序的、有方向的。这种交融、整合过程之所以能够实现,是由于人的第二意识状态具有较高的自组织能力,即自动加工能力。这种自动加工过程完成后,才能进入信息整合阶段。

(三)信息整合

经过交融和整合,各种具有方向性的信息将人的第二意识状态唤醒、激活,这使得不同时期潜隐的信息进行有目的、有意识、系统化的自组织过程,即创造心理要素被个人的心理机能所驱动。

从创业心理形成的过程来看,成功创业必须研究人的心理的主要影响因素,才能提高创业的成功概率。

三、创业心理的品质

概括来说,创业者需要具有以下几个心理品质才有可能取得创业的成功。

(一)目标性

创业过程是一个长期坚持奋斗的过程,所以,一旦目标确定了以后,创业者就要朝着既定的目标一步步走下去。在创业过程中,创业者可能会遇到很多压力,比如与客户发生纠纷、员工出现问题、资金断流、突发事件等,这一切都可能会给创业者带来压力和挫折,因此,创业者一定要能够忍耐挫折。在面对挫折时,能够进行自我心理调节,重新投入到事业中去。应该说,挫折与失败和人生的道路是紧紧相伴的,心理学家研究表明,在舒适优越的环境当中,人的能力就会退化,水平就会降低。因此,在面对创业过程中的困难与曲折时,要充满信心,不断地深化自我,完善自我,超越自我,只有这样,我们才会更好地向前发展。

(二)坚韧性

恒心和毅力指个体能坚持不懈地把行动坚持到底以达到目的的心理品质。具有恒心的人,能在创业行动中长期不懈去努力,锲而不舍去奋斗,不达目的誓不罢休。创业就要经得起各种挫折,有恒心和毅力的创业者,往往是那些笑到最后和笑得最好的人。世界上没有一样东西可以代替恒心和毅力,毅力使人不断进取,恒心使人走向成功,拥有恒心和毅力的人会无往而不胜,会终成就大业。

(三)敢为性

创业的价值就在于创造出独特的东西,而独特的东西的创造一定要敢为,所以,创业者一定要具有敢为性的心理品质。敢于走前人和别人没有走过的路。敢冒风险是理智基础上的大胆决断,是自信前提下的果敢超越,是对新目标的不断追求,而不是失去理智的一时冲动。

(四)坚定性

坚定性是指创业者要具有坚定的创业信念,坚定的创业信念是由创业成功的自信心、创业的责任感和在逆境中创业的心理准备构成的。

第一,对创业者来说,信心就是创业的动力。要对自己有信心,对未来有信心,要坚信成败并非命中注定,而是依靠自己努力,更要坚信自己有能力战胜困难。

第二,要有虽然身处逆境,却能拼力抗争,不断追求的精神。这样,才有可能创业成功。

（五）合作性

创业活动通常不是单个人的活动，一般会需要团队的配合，所以，创业者一定要具有合作性的心理品质。成功的创业者大多数是出色的社会活动家，他们善于与各种人打交道，积极主动地与人交流、交往、合作、互助，通过合作，取长补短；通过交流，获得信息；通过沟通，排除障碍，化解矛盾，提高效率，增加信任，这样才有助于创业的发展。

第二节　大学生常见创业心理问题分析

概括来说，大学生常见的创业心理问题主要包括以下几种。

一、创业动机偏差

很多大学生的创业动机存在偏差，具体表现在以下几方面。

（一）创业好玩型

一些大学生把好玩作为创业的理由，但真正的创业，疲惫、压力和惶恐要远远大于好玩，所以，大学生要想创业，一定要有正确的创业动机，只有这样，才有可能取得成功。

（二）缓解就业压力型

一些大学生为了缓解就业的压力而选择创业，认为创业是缓解就业压力的救命稻草，如果为了就业而创业，那么创业的价值得不到体现，创业成功的可能性也相对较小。目前，我国鼓励大学生创业的部分原因是为缓解就业压力所带来的社会问题，但这远远不是大学生创业的宗旨。

二、创业认知偏差

很多大学生对创业认知存在偏差,概括来说,这些认知偏差主要包括以下几方面。

(一)过于自卑

自卑感人格主要来自大学生低估自己、怀疑自己的能力,不能正确对待自己。自卑的人常有紧张和不安的心理压力,宁愿把自己说得低些,以免承担责任。自卑的人总是强调各种原因,如缺乏资金、缺少帮助、经验不足、技术不过硬、信息不灵、身体不行等,总认为自己不是创业的料子,宁愿安分守己不愿开拓进取。自卑的人还表现在对前途丧失信心,总认为社会的不公平阻碍自己的创业发展,自卑实际上是一种心理疾病,是创业的大障碍。

(二)认为创业没面子

一些大学生对很多创业成功的人心存崇拜之情,但又觉得自己上大学的目的是为了找到适合自己的好工作,如果大学毕业之后连工作都不找就去创业会很没面子,会让家里的亲戚朋友觉得自己是一个连工作都找不到的人,是迫于无奈才自己去创业。

(三)害怕创业风险

创业是存在风险的,这就要求创业者在创业之前对自己的产品或服务的市场做详细的调查,这样才能最大限度地规避风险,而不是一味地害怕出现风险,整天担心,杞人忧天。

三、心理适应能力差

心理适应能力差是大学生创业中常见的一种心理障碍,主要表现在以下几方面。

第九章　大学生创业心理与创业积极心理品质的培养

（一）担心失去自我

对于大学生来讲，要创业就意味着一整天都要想着自己的生意，失去很多私人生活，没有休闲和聚会时间，没有时间陪家人。一旦开始为自己打工，在创业的初期将会很忙，能力差的会很快失去自我。

（二）不善于应付突发事件

大学生在创业之初都会遇到各种各样的突发事件，这就需要大学生创业者拥有应对突发事件的能力，而许多大学生创业者由于社会经验缺乏，往往不善于应对突发事件，遇到一些问题时往往容易惊慌失措。

（三）具有急功近利心理

一些大学生对创业拥有一颗火热的心，对成功的期望很高，但也正因为对事业追求而容易出现急功近利的倾向。这种心理现象具体表现为，不想耗费太多的精力、物力、财力，总想以小搏大，总是希望事半功倍。但是，毕竟创业过程总会遇到各种各样的问题和困难，当事人碰到不顺时也就很容易失望、失落。还有这样的情况，大学生创业者因为急于成功，拼命工作，不断地给自己施加压力，在各个方面都苛求自己，结果也常常因心有余而力不足，面对失败时又倍感失望，这样就很容易诱发抑郁症、自闭症等心理障碍。有急功近利创业心理的人，通常是凭愿望和热情创业，自我期望过高，但遇到问题又经常手足无措；以赌博的心理创业，一旦失败，便倾家荡产，生活无着落；容易跟风创业，或者创业行为太超前，创业方案无法实施，浪费大量的时间、财力、物力等。

（四）具有创业无能心理

创业无能心理，实际也是一种不自信的表现，它具体表现为个体过低评价自己、怀疑自己的能力，认为自己不合适、不能创业。有这种心理的人，他更多的是强调自己条件不足，如能力太弱，技术不够好，经营缺乏，信息不灵，资金不足，缺少协助等，总之，就是认为自己根本不是创业的"料子"，自己更合适"打工"。有创业无能心理的人不看好创业的市场前景，或者认为社会不公平，对创业发展很不利。

（五）具有畏惧失败心理

畏惧失败，所以畏惧创业。有这种心理的人，一般都胆小怕事，处处小心谨慎，千方百计避开大风大浪，不喜欢冒险，不喜欢竞争，而留恋风平浪静。有一些大学生，也许曾经有过创业的想法和念头，甚至将创业计划都落到纸上了，但因为害怕失败，害怕自己承担不了失败的后果而放弃了。所以说，畏惧失败是阻碍创业的一大心理障碍。

第三节 大学生创业积极心理品质的培养

一、大学生创业积极心理品质的内容

大学生的创业积极心理品质通常来说会包括以下几方面的内容。

（一）积极的认知品质

认知既是人的一种基本心理活动，也是人在感觉、知觉、记忆、想象、思维和语言等的参与下对外界事物进行认识的过程。

第九章 大学生创业心理与创业积极心理品质的培养

同时,认知会因个体差异而有所不同,即不同的人在面对相同的外界刺激时会形成不同的认知。

对于大学生来说,要想创业成功,具有积极的认知品质也是十分重要的。这是因为,大学生只有具有了积极的认知品质,才能正确地认知与悦纳自己,既认识到自己的优点和长处,也能理性对待自己的缺点与不足,并积极进行自我完善;才能在创业过程中既看到有利的一面,又看到不利的一面,并自觉地从积极有利的方面对问题进行解决。

(二)坚强的意志品质

创业是一项既有挑战性又十分困难的活动,其间会经历各种各样的问题和挫折,甚至是失败。而大学生要想在这样的创业过程中正确解决问题、克服挫折,通过坚持不懈最终获得成功,就必须要拥有坚强的创业意志。

(三)坚定的信念品质

大学生在毕业后,绝大部分会直接进入社会,走向工作岗位。但在当前,我国就业形势十分严峻,国家为有效解决就业问题积极鼓励大学生进行自主创业。在这一形势之下,对大学生进行创业信念教育,使其树立创业意识、积极主动进行创业就显得极为迫切。同时,大学生只有具有坚定的创业信念,才能形成积极的创业心理状态,继而使自己的创业潜能得到有效发挥。

(四)良好的能力品质

创业是一个复杂而艰难的过程,对创业者的能力有着较高的要求。所谓创业能力,就是个体顺利完成某种活动所必须具备的心理特征。一般而言,大学生的创业能力应包括专业技术能力、组织能力、沟通能力、管理能力、经营能力、市场把握能力等多方面的内容。同时,大学生只有不断提高自己的创业能力,才能在创业实践活动中不断取得实效。由此可知,大学生的创业积极心理品质中应包括良好的能力品质这一重要内容。

（五）积极的情绪品质

积极的情绪,往往能够产生正向的价值,因而是人的一种正能量。依据相关研究,一个善于对情绪进行处理并能觉察别人情绪的人,往往能理性地控制自己的冲动,继而在创业过程中有效地进行人际交往,并获得他人的支持。因此,大学生要想成功创业,具有积极的情绪品质也是十分重要的。

二、大学生创业具有积极心理品质的意义

对于大学生来说,具有创业积极心理品质是十分重要的,具体来说表现在以下几个方面。

（一）有助于大学生顺利进行创业

大学生在进行自主创业活动时,要想成功,必须要具备较高且较为完备的素质。而通过对大学生积极的创业心理品质进行培养,可以使大学生的素质结构不断得到完善。此外,通过培养大学生积极的创业心理品质,可以使大学生的社会综合竞争能力得到提升,继而能够不断完善知识结构、主动寻找并果断把握创业机会、理智面对创业过程中出现的问题和挑战,继而实现成功创业。

（二）有助于大学生更好地适应时代发展的要求

当今时代是知识经济的时代,对于知识的依赖性越来越大。但就我国来说,市场经济体制还不够完善,正面临着知识经济的严峻挑战。在这种现实之下,我国的企业要想继续生存下去,就必须要不断地采用新的技术,创造出采用新科技成果的产品。要

实现这一点,就需要培养出掌握新技术和新技能、拥有创业能力的大量人才。而在对大学生的创业能力进行培养时,必须要遵循一定的要求,使大学生具有积极的创业心理品质。只有这样,大学生在进行创业时才能制定合理的目标,形成积极的创业心态、坚定的创业意志和创业信念、鲜明的创业个性,继而可能在创业中获得成功。

三、大学生创业积极心理品质的培养

(一)树立正确的价值观和人生观

价值观和人生观决定了一个人看待世界、改造世界、解决问题的根本出发点。一个人的人生观正确与否、是不是与实际情况相符、是不是切实可行,直接决定和影响其能否充分发挥积极的作用,进而影响一个人的积极心理品质。所以,大学生要树立正确的人生观和价值观。

(二)树立必胜的信念

美国工业家卡耐基曾说:"一个对自己的内心有完全支配能力的人,对他自己有权获得的任何其他东西也会有支配能力。"当我们开始树立积极心态并把自己看成成功者时,我们就开始成功了。谁想创业成功,谁就要有创业成功的必胜信念。

(三)学会称赞别人

在生活和工作当中,以鼓励代替批评,以赞美来激发人们内在的动力,使其自觉地改正缺点,弥补不足,这往往比你去责怪、埋怨更有利于激发积极的心态,创造出和谐的气氛,从而有利于事业的成功与生活的幸福。发现别人的长处,及时给予鼓励和奖励,是创业者聚拢人气、提高员工积极性的重要方法。

(四)用自身积极面去影响别人

人们总是喜欢和积极乐观的人待在一起,如果一个人总是抱怨,充满了负面情绪,带给身边人的是压抑和不悦,没有人喜欢和这样的人相处。对于创业者来说,如果没有积极的心态,不能用自身积极面去影响别人,那么你的创业最终会是孤家寡人,难以取得成功,只有用美好的感觉去感知他人和你共同奋斗,共同创业,才有更大的成功机会。

(五)建立良好的人际关系

社会心理学的研究表明,那些在人际交往中颇受好评的人往往具有乐观、聪明、有个性、独立性强、坦诚、有幽默感、能为他人着想、充满活力等特点。而那些在人际交往中不太受人欢迎的人往往具有自私、心眼小、斤斤计较、孤傲、依赖性强、以自我为中心、虚伪、自卑、没有个性等特点。有了以上参照标准,大家就可以对照自己,扬长避短。当然,在人际交往中,最主要的是坦诚,每个人都是独立的个人,不能丧失掉自我。阿谀奉承、随声附和并不能换来良好的人际交往。

(六)培养竞争意识

要培养自己的竞争意识,关键是强化自己的自信,具体可从以下几个方面着手。

第一,要多关注自己的优点,不断对自己进行正面心理强化,从而保持一定的自豪感,要多与胸怀宽广、自信心强的人接触,从而被其"感染";要懂得扬长避短,要经常抓住机会展现自己的优势、特长,同时注意弥补自己的不足。

第二,要敢于竞争,对于能表现自己能力的活动,应积极参加、积极表现,而不是过度谦让。同时,参加活动前应尽量做好充分准备,以便充分展示自己的才华,从而增加自己的自信。

第九章　大学生创业心理与创业积极心理品质的培养

第三,经常给自己设置一些难度适宜的目标,如学习目标,或从事一些有一定难度和挑战性的活动,如登山、跑步、游泳等,每达到一个目标,你的自信便增强了一分。

(七)对大学生进行创业心理教育

培养大学生的创业积极心理品质,可以通过对大学生进行创业心理教育的方式。为此,高校应以自身办学特色为依据,对教育课程进行改革,并在进行专业教育和教学时注意渗透和贯彻创业教育,构建创业心理教育课程体系,突出创业心理品质的培养,以便能真正帮助大学生形成积极的创业心理品质,并促进大学生产生创业意识和创业动机、明确创业目标。

(八)让大学生积极参与社会实践活动

培养大学生的创业积极心理品质、提高大学生的创业意识和创业能力,一个重要的途径是让大学生积极参与社会实践活动。为此,高校既需要积极开展与创业有关的校内实践活动,如举办创业计划大赛、举办模拟创业实践活动等;也需要积极拓展与创业有关的校外实践活动,为大学生搭建创业锻炼的舞台,如组织学生到工厂、社区实习等。

大学生通过参与社会实践活动,能够体验到创业的艰辛,继而使自己的创业意志得到锻炼、心理承受能力得到增强,并逐渐形成创业积极心理品质。

第十章　大学生常见心理危机与积极心理干预

　　大学生是国家综合国力竞争中的核心人才，对于祖国未来的发展起着至关重要的作用。但是，大学生的成长并不是一帆风顺的，他们总是会遇到情感和学业等方面的危机。对于大学生遇到的危机，如果不及时加以引导，就会导致其产生各种各样的心理问题甚至是自杀倾向，影响其健康发展与未来成才。因此，必须高度重视大学生的心理危机，并对其进行积极干预。

第一节　危机干预的理论与模式

　　危机是一种认识，当个体知觉到外界环境或某一具体事件存在着威胁，仅仅依靠个体自身的资源和应对方式无法解决困难时，就产生了危机。危机具有两面性，包含着危险和机遇两层含义。如果危机严重威胁到个体的日常生活和其家庭的其他成员，而个体又无法找到合适的解决办法，就有可能导致个体精神崩溃甚至自杀，这种危机就是危险的。但是，如果一个人在危险阶段及时得到适当有效的治疗性干预，往往不仅会防止危险的进一步发展，而且可以帮助个体学到新的应对技巧，从而使个体心理恢复平衡，这种危机就是一种机会，因为它带来的痛苦会迫使当事人寻求帮助，从而促进个体成长和自我实现。对此，必须注重对危机的干预。

第十章　大学生常见心理危机与积极心理干预

一、危机干预的内涵

(一)危机干预的含义

危机干预又称"危机调停",指的是针对处于心理危机状态的个体及时给予适当的心理援助,帮助其处理迫在眉睫的问题,使之尽快摆脱困难、恢复心理平衡、安全渡过危机。危机干预从心理学的角度来看,是一种通过调动处于危机之中的个体自身潜能来重新建立或恢复危机爆发前的心理平衡状态的心理咨询和治疗的技术,在当前受到了越来越多的关注。

(二)危机干预的目的

危机干预的目的,具体来说有以下几个。

第一,消除或缓解危机,避免当事人出现生命安全问题,如自寻短见或伤害他人。

第二,稳定并增强当事人的自主认同感,帮助当事人重拾信心,以客观积极的态度来看待当下的危机事件。

第三,提升当事人认识和处理情绪的能力,使其处于一种愉悦、平和的情感体验中,抛开一些消极的、负面的情绪和想法。

第四,向当事人提供适当建议,帮助其顺利渡过危机,并使其学会正确应付危机的策略与方法。

第五,保障社会的安全稳定,防止出现危机行为的传染和舆论的胡乱散播。

(三)危机干预的原则

在对危机进行干预时,应切实遵循以下几个原则。

1. 以人为本原则

在对危机进行干预时,无论事件多么复杂和多变,都必须贯彻"以人为本"的理念,首先确保当事人的生命安全或是第一时间抢救当事人的生命。也就是说,以人为本原则要求在干预危机时,必须将当事人的生命放在第一位。

2. 预防为主原则

这一原则要求在对危机进行干预时,要将干预的工作提前,即在当事人产生心理危机前便对其心理进行干预,继而预防当事人产生心理危机或将当事人心理危机的影响降到最低。

3. 依法处置原则

这一原则要求在对当事人的心理危机进行干预时,所采取的任何干预措施与干预行为都不能与国家、地方的法律法规相违背。只有这样,才能确保当事人心理危机干预结果的有效性。

(四)危机干预的步骤

在这里,以大学生的心理危机为例,详细阐述对其进行危机干预的主要步骤。

1. 明确问题

干预者在面对处于困境或遭受挫折和将要发生危险的学生,应首先从学生的立场出发,确定和理解学生所面临的问题。在此过程中,可通过开放式问题和积极的倾听来收集信息。有时候,危机干预对象会透漏出与语言信息不一致的非语言信息,因此干预者一定要做到准确地判断问题。另外,干预者要帮助危机学生改变不合理认知,指出其自身问题与事件和环境的关系,并围绕其核心问题将各方面的问题澄清,明确迫切需要解决的首要问题。对有严重问题,同时高度情绪化或防御的学生,危机干预者应避开回答离题太远的问题。

2. 信息报告

对于高校的各个院系来说,必须要建立起通畅的学生心理危机信息反馈机制,做到在第一时间内掌握学生心理危机动态。发

第十章 大学生常见心理危机与积极心理干预

现危机情况者(包括学院领导、老师)应立即向班级班主任或辅导员报告,班主任或辅导员迅速向所在系心理危机应急处理工作小组组长报告,该组长需立即向大学生心理危机评估与干预工作办公室主任报告,办公室主任视危机严重程度酌情向大学生心理危机干预工作领导小组及时汇报。

3. 保证安全

在即将实施干预措施前,首先应当保证干预对象的安全,要将对自我和对他人的致死性、危险程度、失去能动性等降低到最小的限度。不论是检查评估,还是倾听和制定行动策略,都要时刻注意安全问题。特别在与学生家长做安全责任移交之前,院系"心理危机应急处理工作小组"应对该生作24小时特别监护,对心理危机特别严重者,院系"心理危机应急处理工作小组"组长安排院系相关人员协助保卫人员进行24小时特别监护,或在有监护的情况下将其送医院治疗。

4. 通知家长

在进行即时监护的同时,学校相关院系的"心理危机应急处理工作小组"应以最快的速度通知家长或监护人来校,与他们商议进一步的处理措施,此时院系要做好相应记录。

5. 进行阻控

院系对于有可能造成危机扩大或激化的人、物、情境等,进行必要的消除或隔绝。对于学校可调控的可能引发其他学生心理危机的刺激物,院系应协助有关部门及时阻断。当然,有时候为了提高学生的安全感,也可给学生提供相关的信息,让学生得知危机事件的始末以及目前的情况。

6. 提供支持

在这一阶段,干预人员要与心理危机学生进行充分的沟通和交流,在此过程中,要采取关心的、积极的、接受的态度,一定要让学生认识到干预人员是能够提供支持和帮助的。在学生充分信任干预人员的基础上,干预人员要帮助干预对象探索替代的解决方法,并转化为积极和有建设性的思维模式,让其明白还有很多可变通、可供选择的应对方式,促使其采取行动努力,获得社会支持。

7. 制订计划

当心理危机学生做出行动努力,并获得社会支持后,干预人员就应与学生共同制定行动步骤,来缓解学生情绪的失衡状态。计划的确定一定要考虑学生的应付能力,计划的内容主要包括具体的行动步骤和能提供及时帮助的其他个人、组织团体和机构。不过,有些当事人往往过分地关注于解决自己的危机而忽略了自身有限的能力,他们会顺从干预者的计划,甚至会认为将计划强加给他们是应该的。因此,在这一步里,关键是要明确当事人实施计划的目的是恢复他们的自制力和自控感,而不是依赖于干预者。

8. 实施治疗

对于一般的心理危机,干预者与心理危机学生应共同努力,通过所制定的具体行动步骤来逐步解除学生的危机;对于需住院治疗的,必须在家长的陪同下将学生送至专业精神卫生机构治疗;对于可以在校坚持学习但需辅以药物治疗的学生,院系应与其家长商定监护措施;对于一些严重抑郁症、有消极观念或行为的学生,要尽早转介到专科医院治疗,使危机学生的病情迅速得到控制,防止自伤或自杀等校园内恶性事件的发生。

9. 获得承诺

心理危机干预的最后一个步骤就是获得承诺与保证,具体任务是帮助干预对象向干预人员承诺采取确定的、积极的行动步骤。这些行动步骤必须是当事人自己愿意采取的,也是可行的。在结束危机干预前,干预人员应该从求助者那里得到诚实、直接和适当的承诺。

二、危机干预的主要理论

危机干预领域的研究尚未成熟,各种理论如雨后春笋般纷至沓来。就当前来说,具有代表性的危机干预理论主要有以下几种。

(一)基本危机理论

基本危机理论是由林德曼提出的,该理论对理解因亲人死亡所导致的悲哀性危机做出了实质性的贡献。林德曼认为,悲哀的行为是正常的、暂时的,并且可通过短期危机干预技术进行治疗。这种"正常"的悲哀行为反应包括五个方面:一是总是想起死去的亲人;二是认同于死去的亲人;三是表现出内疚和敌意;四是在日常生活中出现某种程度的紊乱;五是出现某些躯体诉述。林德曼反对把求助者所表现的危机反应当作异常或病态进行治疗这种观点。

林德曼在其提出的基本危机理论中,主要关心的是悲哀反应的及时解决,在对创伤进行危机干预时,采用了平衡/失衡模式。这一模式分为四个时期,即紊乱的平衡、短期治疗或悲哀反应起作用、求助者试图解决问题或悲哀反应和恢复平衡情况。

在林德曼之后,卡普兰对基本危机理论进行了补充与完善。他认为,危机是一种状态,而造成这种状态的原因是生活目标的实现受到阻碍,并且用常规的行为无法克服。阻碍的来源既可以是发展性的事件,又可以是境遇性的事件。卡普兰也采用像林德曼一样的危机干预模式,即平衡/失衡模式,并且发展性地将林德曼的概念和对危机的分期应用于所有的发展性和境遇性事件,同时将危机干预扩展到去除那些在开始时引发心理创伤的认知、情感和行为问题。

林德曼与卡普兰的工作为在咨询中使用危机干预策略和短期心理治疗起了推动的作用。在他们的带领下,基本危机理论将焦点集中于帮助危机中的人认识和矫正因创伤性事件引发的暂时的认知、情绪和行为扭曲。

（二）扩展危机理论

基本危机理论没有适当地考虑使一个事件成为危机的社会、环境和境遇因素，却将个体自身的素质因素作为危机的唯一或主要因素，这显然是不够的。扩展危机理论就是在这种基础上建立起来的，这一理论主要是从精神分析理论、一般系统理论、适应理论和人际关系理论中吸取了有用的成分。

精神分析理论认为，通过获得进入个体无意识思想和过去情绪经历的路径，可以理解伴随危机的不平衡状态。关于为什么一个事件发展成为危机，精神分析理论假设某些儿童早期的固执可以作为主要的解释。在受到危机情况影响时，这个理论可以帮助求助者理解其行为的动力和原因。

一般系统理论主要基于人与人、人与事件之间的相互关系和相互影响，而不怎么强调处于危机中的个体的内部反应。贝尔金认为，该理论"涉及一个情绪系统、一个沟通系统及一个需要满足系统"，所有属于系统的成员都对别人产生影响，也被别人所影响。

适应理论认为，适应不良行为、消极的思想和损害性的防御机制对个体的危机起维持的作用。该理论假设，当适应不良行为改变为适应性行为时，危机就会消退了。

人际关系理论认为，如果人们相信自己、相信别人，并且具有自我实现和战胜危机的信心，那么个人的危机就不会持续很长的时间。如果人们将自我评价的权力让给别人，他们就会依赖于别人才能获得信心。因此，一个人的控制权的丧失与他的危机会持续相当的时间。人际关系理论的最终目的在于将自我评价的权力交回到自己的手中。这样做会使人获得对自己命运的控制，重新获得能力以采取行动应对危机境遇。

(三) 生命结构理论

生命结构是指一个人在特定时期所具有的潜在的生命模式或规划。生命结构理论认为,人在与婚姻、家庭和职业有关的要素中,会出现不同的心理危机。

(四) 生态系统理论

生态系统理论认为,人与环境相互依赖并相互选择,个体特征可能会引起或促进组织某种环境反应,从而可能阻碍或促进心理成长。

三、危机干预的基本模式

在心理学领域内,心理危机干预的基本模式主要分为三种,即平衡模式、认知模式和心理社会转变模式。

(一) 平衡模式

平衡模式也称"平衡/失衡模式",它是一种最纯粹的危机干预模式。该模式认为,个体在处于危机状态时,通常会呈现出心理或情绪失衡的状态,同时在这一状态下,个体原有的应急机制和解决问题的方法不能对他们的当前需要进行有效满足。因此,利用平衡模式进行干预主要是为了尽力帮助人们重新恢复到危机前的心理或情绪状态。

实践证明,平衡模式确实能够起到缓解痛苦、调节情绪、鼓舞士气、调整社会关系、整合人际系统、引导正确态度、恢复心理平衡状态等作用。此外,平衡模式常常被应用于危机的起始阶段。

(二) 认知模式

危机干预的认知模式的提出,主要是基于这样一种认识:危机并非源于事件本身或是与事件、危机相关的事实,而是源于对事件和围绕事件的境遇的错误思维。因此,这种模式主要是改变思维方式,尤其是通过认知中的非理性和自我否定部分,实现对理性的获得,并强化理性和自强的部分,控制自我生活,进而控制危机。

利用认知模式能够使危机当事人进行自我干预,即通过自我说服,消除旧的、否定的认知,思想重新获得积极的肯定,实现对自我生活的控制。同时,认知模式最适合于危机稳定下来并回到接近危机前平衡状态的求助者。

(三)心理社会转变模式

个体处于不断发展与成长过程之中,个体赖以生存的社会环境也处于不断变化之中,因此危机的消除需要个体与环境共同作用,这就出现了心理社会转变模式。该模式主要应用于危机干预的中后期,是对稳定下来的求助者的干预。

心理社会转变模式不认为危机是一种单纯的内部状态,该模式要求涉及个人以外的环境,考虑需要改变的系统成分。同伴、家庭、职业和社区是影响心理适应的几个外部维度,但影响心理适应的外部因素远不止于此。对于某些类型的危机,除非影响个体的社会系统也发生改变,或个体与系统适应,或个体懂得这些系统的发展变化规律及他们如何影响个体对危机的适应,否则难以获得持续性的解决。与认知模式相类似,心理社会转变模式最适合于已经稳定下来的求助者。

第二节 心理危机与心理危机产生的原因

人的一生中总是会遇到各种各样不顺心的事情,如果不积极面对,就会引起一系列心理问题,从而产生严重的心理危机,甚至

第十章　大学生常见心理危机与积极心理干预

危及生命安全。本节将对心理危机及其产生原因进行具体研究。

一、心理危机的内涵

（一）心理危机的含义

"危机"一词有着十分广泛的外延，人类在生活的各个方面都存在着危机，有的危机是可以表现出来的，有的危机则是潜藏其中的。在当代社会大发展的背景下，任何事物的存在与发展都有一定的危机，如人口危机、环境危机、能源危机、经济危机、文化危机、道德危机、信仰危机等。

关于心理危机的概念，最早是在1954年由美国的著名心理学家卡普兰提出的，并把它作为研究对象进行深入的分析。他认为，心理危机的产生主要是由于个体在面临重大的或是突发的生活打击（如婚姻破裂、亲人死亡以及天灾人祸等）时，内心出现失衡而产生的。随后，许多学者又对其进行了研究，并且提出了相应的研究结论。例如，夏智伦认为，心理危机是指当个体面临困境而惯常的应对方式和支持系统不能处理该困境时，其意识、行为和情感方面出现功能失调，产生不平衡的心理状态或心理反应。徐岫茹认为，心理危机是个体遇到的某些重大问题，既不能回避，又无法用通常解决问题的方法来解决时，心理上所产生的不平衡等。

对不同学者关于心理危机的定义进行综合，可以这样对心理危机进行界定：心理危机主要指的是个体处于一定的困境中，用正常的应对方式不足以处理问题时，其在行为、意识以及情感方面出现的功能失调现象，进而产生了不平衡的心理状态以及心理反应。由此得出，心理危机是个体心理失衡的表现，这种表现主要集中在人的精神领域，表现出来的就是精神的困扰、忧虑、失常。长此以往，形成心理障碍。

（二）心理危机的类型

由于引起心理危机的因素有很多，因此心理危机的分类也有很多种。归纳而言，心理危机的类型主要有以下几种。

1. 发展性心理危机

发展性心理危机是指因日常生活中出现的变化和选择等冲突所引起的不良反应，如升学、就业、结婚、工作等诱发的危机。这类危机是正常的、不可避免的，每个人都会遇到的。此外，这类心理危机的危机时期比较短暂，但变化急剧。如果能顺利度过这种危机时期，将会促进个体的心理发展，帮助个体获得更大的独立性，有效提高个体的人际关系能力。

2. 境遇性心理危机

境遇性心理危机是指个人无法预测和控制，或罕见的、突然发生的事件所导致的危机。例如，遭受突发的外部事件（如父母在车祸中双亡、失业、彩票中大奖等）而引起的情绪和行为失调，或受到突然的侵犯和恐怖事件（如遭遇强奸、抢劫或遭遇火灾、爆炸等事故等）而引起的情绪和行为失调。这种心理危机具有随机性、突发性，在大学生中也占据较大的比重。

3. 病理性心理危机

病理性心理危机主要指个体因为身体疾病而产生的心理失衡现象。伴随着这一现象常常会出现焦虑、抑郁、精神分裂等病症。还有一些失调的行为也被包括在病理性危机中，如品行障碍以及违法犯罪等。

4. 存在性心理危机

存在性心理危机是指由重要的人生问题所带来的危机和冲突，如责任、独立、承诺等。这种危机可能由现在的实际情况引起，也可能由对自己过去不满所引起。在高校中，许多大学生开始思考人生的目的、责任、自由、独立性等深度问题，但由于认知水平有限而常常陷入空虚、无望的状态,并因此表现出无希望、无能力、无作为的感觉,这很容易导致抑郁,进而产生心理危机。

(三)心理危机的特点

心理危机的特点,概括来说有以下几个。

1. 易发性与潜在性

心理危机的一个重要特点就是易发性与潜在性,这在大学生的心理危机方面表现得更为突出。这是因为,大学生的年龄普遍处在18～25岁之间,在这一年龄段,他们的心智尚且不够成熟,仍然处于一个向成熟阶段过渡的时期,然而他们的社交活动与他们的心理年龄并不相符。因此,大学生在心理上具有消极心理与积极心理并存的特点,一个很小的问题都可能引发极大的冲突。所以,如果对小问题处理不够及时,随时可能引发大学生严重的心理危机。可见,大学生的心理危机具有非常强的易发性。此外,大学生内心的问题并不会直接表露出来,而是深深地埋藏在心底。当遭遇到某些危机性的事件时,才会在其心理形成危机。因此,大学生在心理危机上还具有潜在性,随时都有爆发的可能。

2. 危险与机遇并存

心理危机是一把双刃剑,它在产生危险的同时,也存在着一定的机遇。危机可能使个体产生严重的不适感,引起急性情绪紊乱,如焦虑、烦躁、恐惧、抑郁等;也可能使个体产生注意力不集中、记忆障碍等认知改变,严重者会产生过激行为,包括杀人和自杀。

但是,危机中也潜藏着基于。在面对危险的时候,个体一般都会积极地寻求帮助,努力地调适自我,这就是心理危机所提供的成长契机。例如,在伴随心理危机的不平衡中,人总是具有某种焦虑情绪,这种情绪导致的不舒适为个体的成长和变化提供了动力。个体如能有效利用这一机会,及时调整,适应变化,就能形成动力,促进自己的心理健康,实现成长与改变。

之所以有机遇,主要是因为在理想的情况下,个体能够依靠自己的心理能量与社会支持系统度过危机。在这一过程中,个体会产生积极的心理变化,从危机中获得成长。当然,个体的认知不同,面对危机的反应也就不同。有的人在危机开始之初心理就崩溃了,加上没有及时有效的帮助,他们不仅得不到成长,而且还会走向更为糟糕的境地。例如,同样面对失恋,有的大学生能够从中汲取经验教训,领悟到爱情的真谛,以积极的态度面对生活;而有的大学生则要陷入极端的痛苦中无法自拔,要么很快进入新的感情纠葛中,要么采取极端的行为结束生命或报复他人。

3. 复杂性与系统性

心理危机的问题是多种原因造成的,因而心理危机的形成也具有一定的复杂性。同时,它反应的复杂决定了其存在的系统性。心理危机的出现带有很大的随意性,它没有很强的规律可言。心理危机一旦产生,就会随之产生很多复杂的问题。例如,在大学阶段,大学生能获得多方面的满足,包括学业、爱情、专业技能、事业进步等,但同时,他们也承受着巨大的压力,很多事情需要他们自己进行抉择。因此,他们就面对着各种矛盾和冲突,选择和机遇,个人情感与职业发展等,一旦处理不好就引发各种心理危机,并且这些危机背后都有极其复杂的原因。

(四)心理危机的阶段

心理危机的产生不是一蹴而就的,它需要经历一个过程。而且,不同的个体产生心理危机的时间也是不相同的,短时间的需要24~36个小时,长时间的也在4~6周之内。至于心理危机的发生阶段,具体来说有以下几个。

第一,当个体对未来的生活充满恐慌或者是不安时,他们的内心就处于一种失衡的状态,警觉性会提高,开始产生紧张感觉。在这个阶段,个体通常是一种封闭的状态,不愿意向他人透露自己的焦虑,而是采用自己习惯的方式对之进行处理,想要重新找

第十章　大学生常见心理危机与积极心理干预

回心理平衡。

第二,当个体采用自己习惯的方式解决问题时,常常是达不到理想的效果的,所以他们在原来问题的基础上又增加了新的焦虑,并且想尽各种办法试图解决问题。然而,效果并不明显,高度紧张以及焦虑的情绪会影响他们的冷静思考,使其使用的各种办法对解决问题没有太大的帮助。

第三,当个体努力地使用各种办法解决问题而没有成功时,他们的焦虑感又会进一步增加,渴望寻找到新的方法来解决问题。在这个阶段,他们不再是自我封闭的个体,而是积极地寻求他人的帮助,希望通过他人的指点找到新的途径。此时,个体非常容易受到他人的暗示或影响。

第四,如果个体的所有办法都行不通,那么他们就会产生一种失意的、无助的挫败感。他们对自己没有任何的信心,对问题更多的是充满了恐惧,对自己的能力产生怀疑甚至认为整个人生都是了无生趣,从而走上了一条不归之路。在这个阶段,个体承受着最大的压力,完全有可能触发内心深层的矛盾冲突,然后整个人都走向了崩溃的边缘。因此,这个阶段的个体必须获得来自外界的帮助,这样才可以顺利地度过心理危机。

(五)心理危机的评估

心理危机的评估有利于对个体进行心理危机干预,继而帮助个体顺利地渡过心理危机。

1. 心理危机评估的内容

在进行心理危机评估时,必须包括以下几方面的内容。

(1)紧急程度的评估

紧急程度的评估主要包括以下几个方面。

第一,危机的严重程度的评估。

第二,求助者或他人是否存在生命危险,即是否有自杀、攻击或杀人等其他危险。

第三,危机根源的认定,即影响个体出现心理危机的到底是危机事件本身,还是在处理危机事件过程中出现的过渡状态,还是社会文化等因素。

(2)危机状况的评估

在实施危机干预措施之前,应当对处于危机中的个体进行综合状态的评定,如危机面临者的认知状态、情感反应、行为改变的程度以及躯体反应方面的表现等。当一个人出现心理危机时,当事人可能及时察觉,也有可能"未知未觉"。无论何种情形,当个体面对危机时都会产生一系列身心反应。具体来说,在对危机状况进行评估时,可具体从以下几方面着手。

第一,出现心理危机的人常表现为注意力不集中、缺乏自信、无法做决定、健忘、效能降低、不能把思想从危机事件上转移等。

第二,出现心理危机的人常表现为肠胃不适、腹泻、食欲下降、头痛、疲乏、失眠、做噩梦、容易受到惊吓、感觉呼吸困难或窒息、有梗塞感、肌肉紧张等。

第三,出现心理危机的人常表现为害怕、焦虑、恐惧、怀疑、不信任、沮丧、忧郁、悲伤、易怒、绝望、无助、麻木、否认、孤独、紧张、不安、愤怒、烦躁、自责、过分敏感或警觉、无法放松、持续担忧、担心家人安全、害怕死去等。

第四,出现心理危机的人常表现为社交退缩、逃避与疏离、不敢出门、容易自责或怪罪他人、不易信任他人等。

(3)自杀危险性的评估

处于危机中的人不一定都会出现自杀的意念或行动,但心理危机干预者必须在整个干预过程中经常对当事人自杀的可能性做出一定的了解,因为自杀行为有多种形式,并且可能以多种形式进行掩饰。危机干预者应该认识到,每一个处于危机中的人都存在自杀的可能性。

心理危机干预者要想正确地评估自杀危险性,就应当了解自杀意图。心理学家海威顿认为,青少年自杀会呈现出多种表现,如向他人寻求帮助;希望从挫折环境中逃离;将可怕的想法表达出来;试图影响他人或使他人改变主意;忽然表达对别人的爱;对于过去做过的事向某人道歉;为他人做些好事;害怕重复他人走过的路;希望别人理解自己内心的感受;发现对方是否真爱自己;情况不能容忍以致他必须做些事情改变,却不知如何改变;生活失去控制却不知道如何使其回到原来的轨道;想死。

2. 心理危机评估的方法

就当前,常用的心理危机评估方法主要有以下几种。

(1) 与被评估者建立良好的咨访关系

在进行心理危机评估时,与被评估者建立良好的咨访关系是极为重要的一步。在心理危机的评估过程中,评估者一般都需要与被评估者进行沟通,以了解具体情况。如果关系处理不好,被评估者要么就不配合评估,使评估难以继续,要么就作出假的叙述,使评估者难以区分。因此,评估者应采取适当的手段来调节双方情绪,建立良好的咨访关系。

(2) 进行心理测评

通过咨访、个体自述等方式进行心理评估时,有些个体会有意无意地回避,甚至欺骗、否认一些问题与想法。针对这一情况,评估者可通过 MMPI(明尼苏达多相人格调查表)心理测试、16PF(卡特尔16项人格问卷)、EPQ(艾森克人格问卷)、房树人投射测试等心理测验来验证被评估者的叙述,从中发现一些人格因素,从而作出正确的评估。

(3) 倾听被评估者的自述

要想在评估过程中作出准确的评判,评估者必须清楚地了解到被评估者心理危机产生的过程,目前的困难,有何意图、计划和行动等。除此之外,还应了解被评估者对家庭环境、成长历程的看法及应对方式等。所有这些都需要被评估者作出真实的自述,因此,评估者必须当好一个倾听者,耐心听被评估者的自述,并适时给出合理的引导。此外,在倾听过程中,评估者也要注意以下几个方面。

第一,要多听少说。

第二,要倾听自述者的全部信息。

第三,要适当地提问。

第四,要鼓励被评估者表达感受。

第五,要避免中途打断被评估者的自述。

第六,要学会移情,即从说话者的角度理解信息。

(4)与被评估者的亲密关系人进行访谈

为了验证个体自述的真实性,还有一种最直接、有效的方法就是与被评估者较熟悉的相关人,如父母、亲友、同学、教师等进行访谈。访谈是一种有目的、有计划地通过与被访谈者的面对面交谈来收集所需资料的方法。这种方法能够帮助评估者有效地了解、解释个体产生心理危机的原因。

二、心理危机产生的原因

心理危机产生的原因,具体来说有以下几个。

(一)个体与自我产生冲突

个体与自我产生冲突是个体产生心理危机的自身方面原因。以大学生来说,其所面临的个体与自我冲突主要表现在以下两个方面。

1. 大学生内心的矛盾冲突

大学时期是成长的特殊时期,大学生的心理发展也进入了特殊的阶段,他们的心理处于一个失衡的状态,甚至在自我的内心中也有一个本我与他我的冲突斗争。这种冲突斗争主要是由现实与理想之间的差距、依赖性与独立性的共存以及理性与非理性的交织引起的。

2. 大学生的人格发展不够完善

大学生正处于由不成熟向成熟过渡的时期,这决定了其人格

第十章　大学生常见心理危机与积极心理干预

发展尚未健全。关于这一点,从大学生对待问题的表现就可以看出来,或是只关注表面现象,过分依赖他人,性格内向,不够自信,做事瞻前顾后;或是行为冲动,情绪容易激动等。这种类型的大学生比较容易产生心理危机。

(二)个体与他人产生冲突

很多个体将自己置于封闭的环境中,即使有心理问题也不愿向周围的人倾诉,获得来自他人的帮助。长此以往,他们的承受能力越来越差,必然会引发心理危机。造成这一问题的原因,主要有以下几个。

第一,个体存在人际关系适应不良或交际困难。
第二,个体遭遇了失恋或情感问题。
第三,个体缺乏心理支持系统。

(三)个体与环境产生冲突

环境是由多种要素组成的,因此个体与环境的冲突也表现为多方面,如个体与学校环境的冲突上、个体与家庭环境的冲突、个体与网络环境的冲突、个体与社会环境的冲突等。其中,网络环境所营造的虚拟世界,使很多个体沉溺其中、不能自拔,甚至有些个体长期沉溺于网络,以致分不清虚拟与现实。

(四)观念价值体系与文化价值体系产生冲突

观念价值体系与文化价值体系的冲突,也是导致个体产生心理危机的一个重要原因。观念性的价值体系,常常在我们的日常文化生活中体现出来。这种观念和意识决定着人们的生活行为。人们根据自己的观念和意识决定"什么是有价值的""什么是有意义的"。随着现代社会的快速发展,人们难以将观念价值体系与文化价值体系有机地结合起来,无法对二者之间的结合做出一个合理的认知,从而产生心理危机。

第三节　大学生常见的心理危机与大学生极端心理危机的预防

大学生由于其特定的年龄、社会角色、成长的任务以及生活、学习环境等因素,使他们不可避免地成为心理危机的高发群体。心理危机对大学生的学习与发展,对学校的正常生活和教学秩序会造成不良影响,因此了解大学生常见的心理危机对有效预防危机具有重要意义。

一、大学生常见的心理危机

在心理危机的易发人群中,大学生是不能被忽视的一个群体,也就是说应高度重视大学生的心理危机。所谓大学生的心理危机,就是指个体在大学阶段所面临的心理问题。他们面临的困难是内心不能承受的,由于过度的担心而导致精神的极度抑郁、焦虑,甚至在心理上不能自拔、失去控制。大学阶段,是大学生成长的重要时期,也是他们从学校向社会过度的关键阶段。因此,他们面临着各种多变的环境,心理也就容易产生各种各样的问题。此外,因为大学生的学校生活具有群集性以及群体构成的同质性等特点,所以大学生的许多行为都有互相传染的特点,这就使得大学生心理危机的处理问题变得至关重要,如果不能运用正确的方法对大学生的心理危机加以干预指导,这种情况就很可能被扩散蔓延,甚至引起整个校园的混乱,严重阻碍大学生的心理健康成长。此外,大学生常见的心理危机主要由以下几类。

(一)成长危机

在大学生的心理危机中,成长危机是必然会出现的一个。通常来说,成长危机会出现在大学生在成长过程中面临某些重大转

第十章　大学生常见心理危机与积极心理干预

变时。大学生已经进入青年中期,正处于生理发育的基本成熟和部分心理发展相对滞后的特殊时期,人生价值观逐渐形成,心理状态还不够稳定,容易受到外界各种各样的影响而产生不同程度的心理危机。例如,刚进入大学的新生可能对环境不适应,以及班级、宿舍等的调整都可能引发心理危机。

(二)学习危机

学习是大学生的主要任务,但有的大学生对自己所报考的专业不了解,在学习专业课程时,打不起精神,这使他们内心感到苦闷和不知所措;有的大学生学习方法有问题,花费很多时间参加各类证书考试,结果总是以失败告终,这使得他们精神长期过度紧张,每天精神恍惚,感受着学习方面的巨大压力,甚至出现强迫、焦虑、精神分裂等心理疾病。

(三)人际关系危机

大学生的心理健康状况,会受其人际关系状况的影响,也就是说和谐的人际关系大学生获得心理健康的重要途径。但是,有很大一部分大学生都存在人际关系危机,即大学生在与他人相处和交往的过程中表现出的不适、自闭、逃避、自恋、自负以及难以调和的不良心理状态和行为表现。例如,来自同学之间关系紧张等危机。大学里,来自全国各地或者世界各地的同学汇聚在一起,每个人具体不同的家庭背景、性格、价值观、生活习惯、兴趣等,这些不同必然会带来摩擦冲突和情感损伤,如果得不到妥善的解决,就会产生人际关系上的危机,不利于大学生的心理健康和全面发展。

(四)情感危机

当大学生在感情上遭受到突如其来的重大打击,使其无法控制自己的情绪,从而不能够冷静地、全面地、客观地思考问题,甚至无法维持正常的学习与生活时,就说明大学生遭遇了情感危机。情感危机可能使大学生产生极度的悲痛、烦躁、恐惧等消极情绪,大学生在这样的消极情绪下,极易失去理智,不能对事情进行正确判断,继而产生攻击行为或者精神崩溃。在大学生中,失去亲人和恋人是最为常见的情感危机,有的大学生因为失去至亲,而变得沉默寡言,拒绝参加集体活动,从而导致性格孤僻,人缘差;有的大学生因为恋爱失败而导致心理异常,甚至做出自杀或者杀害恋人的极端行为,给家庭带来沉重的悲痛。

(五)就业危机

随着高校的扩招以及社会竞争的加剧,大学生就业越来越困难。有的大学生看不到自己的前途,尤其是那些学习成绩不够突出、其他方面的能力又不强的学生,就业的压力就更大,整天忧心忡忡,表现出严重的危机感。有的大学生为了适应市场经济对人才的需求,不断给自己施加压力,逼迫自己在努力学习专业课程的同时,又花费大量时间、人力、财力学习热门专业,这使得自己长时间处于紧张状态,难以以正常的心态面对失败。

(六)成瘾危机

成瘾是伴随着人类的社会文明史产生的一种现象,它逐渐蔓延发展,至今已成为影响人类心身健康的全球性问题。成瘾主要分为两类,包括物质成瘾和精神成瘾,涉及酒瘾、药物滥用、烟瘾、电子游戏成瘾、网络成瘾等行为。此外,成瘾随着社会发展而发展的,可以说它是与时俱进的。社会的进步必然造成了新的生活方式的出现,许多大学生对这种新出现的物质或者是生活方式没有良好的控制能力就会出现成瘾的状态等。

在这里,着重分析一下网络成瘾危机。网络成瘾危机是指大学生过度使用网络而导致损害身心健康甚至对社会产生危害的现象,它的特征表现非常明显,那就是大学生会把大量的时间用在网络上面,从而忽视了学业,影响了自己的身体健康。他们在网络的虚拟世界里寻求满足感,一旦不能上网,他们的情绪就会产生异常,最终学业荒废、与同学间的关系恶化。

二、大学生极端心理危机的预防

(一)大学生极端心理危机的内涵

大学生极端心理危机是指大学生先前处理危机的方式和惯常的支持系统不足以应对眼前的困难处境而导致个体产生自杀意念和攻击的心理状态及行为表现。大学生极端心理危机事件通常具有潜伏性、突发性、可查性、复杂性四个特征。很多大学生在产生极端行为之前,并没有明显的异常行为,只有当危机事件发生后,才会引起大家的注意。但这并不代表极端心理危机是无法察觉的,当危机事件发生后,周围的人回想当事人的表现,还是能找到很多蛛丝马迹。此外,大学生极端心理危机主要表现在两个方面,即自杀和攻击。

1. 自杀

自杀是个体有意识地采取各种手段自愿结束自己生命的异常行为。在当前,自杀问题已经引起了社会的广泛关注。

(1)大学生自杀的原因

大学生在进入大学之后需要独自面对生活、学习的压力,当他们遇到无法解决的问题时,就会产生极度的孤独、悲观、恐惧、自卑、悔恨、羞愧、内疚、空虚等不良情绪,认为自己已经到了走投无路的时候,将自杀视为解决问题、避免痛苦、自罪自责的手段。具体而言,以下几方面是导致大学生出现自杀行为的重要原因。

第一,大学生的成长与家庭密切相关,家庭结构、家庭气氛、家庭教育方式和对大学生的成长有重要影响。有些家庭教育方式不当,父母过度溺爱或干涉子女,致使子女脆弱敏感,在遇到挫折时会选择自杀这种极端行为来逃避责任。此外,家庭成员不健全的家庭长大的孩子容易出现自闭、自卑等多种心理问题,在遭遇困境时,不能正确对待,最终结束自己的生命。

第二,在大学生自杀事件中,很大一部分是因为学习压力过大。尤其是在一些名牌大学里,因学习压力而自杀的情况更为多见。

第三,大学生自杀的首要原因便是心理疾病。一些大学生长期患有抑郁症、精神障碍,或是个性有缺陷、网络成瘾、期望过高而产生失落感等心理疾病,这类大学生更容易做出自杀行为。

第四,随着社会的发展,高校扩招,大学生人数越来越多,就业压力越来越大,这使得不少大学生产生了不同程度的心理恐慌,严重的就会出现自杀意念。

第五,遭遇爱情挫折也是导致大学生自杀的一个重要原因。近年来,大学生因为恋爱失败而自杀、失踪或者伤害他人的案件时有发生。谈恋爱是一个极其耗费精力的行为,大学生如果处理不好就会将大学生活变成一团乱麻,一旦失恋就会出现精神萎靡、过度伤心等情况,甚至会出现轻生的念头。此外,暗恋表白失败也会让大学生产生不良情绪,甚至出现轻生念头。还有一些大学生爱情观不正确,遭遇爱情挫折时会做出违法犯罪行为。

此外,人际关系紧张、挫折承受能力较弱,思维方式不成熟、媒体负面效应、不良文化的模仿等,也有可能导致大学生出现自杀行为。

(2)大学生自杀的过程

通常而言,大学生在选择自杀行为时,通常会经历以下几个阶段。

第一,意念形成阶段。当大学生陷入表面上无法容忍、无法解决的困境,并且认为只有结束生命才能摆脱困境的时候,就会产生自杀意念或自杀动机。

第二,矛盾冲突阶段。当大学生形成自杀意念或动机之后,

第十章 大学生常见心理危机与积极心理干预

其求生的本能与自杀的意念相互矛盾,想要自杀的大学生会陷入这种生与死的矛盾冲突状态,难以最终做出自杀决定。此时,他们会经常讨论与自杀有关的话题,反复预言、暗示自杀。

第三,平静准备阶段。想要自杀的大学生经历过矛盾冲突之后,似乎已经从选择困境中解脱出来,抑郁情绪缓解,表现得很平静,也不再讨论或者暗示自杀,周围人会逐渐认为他心态变好,然后会放松警惕。在此时,想要自杀的大学生就会做好最后的准备工作,选择自杀方式,等待自杀时机。

(3)大学生自杀的预兆

通常而言,大学生在准备自杀时,会呈现出一些独特的预兆,具体如下。

第一,躯体方面的预兆。想要自杀的大学生常常会出现失眠、多梦、早醒、头晕、食欲不振、心悸、胃部不适、四肢乏力等多种躯体不适表现,部分还出现血压、心电生理及脑电生理等变化。

第二,认知方面的预兆。想要自杀的大学生往往深深沉浸于悲痛中,导致记忆和知觉改变,难以区分事物的异同,体验到的事物之间的关系含糊不清,做出决定和解决问题的能力下降。

第三,情绪方面的预兆,有自杀倾向的大学生一般情况下性格是比较孤僻的,他们不愿意对人敞开自己的心扉,遇到问题后就采取封闭的方式,使自己陷入孤独、无助。如果这种情绪长期不能排解,他们的自信心、自尊心就会丧失。具体来说,想要自杀的大学生往往表现为高度的焦虑、抑郁、紧张、悲伤,并且伴随恐惧、烦躁、愤怒、敌对、失望和内疚等不良情绪。

第四,行为方面的预兆。想要自杀的大学生往往会有悲伤的表情、哭泣或独处等反常行为,行为和思维不一致;不能专心地学习;拒绝帮助,认为求助是软弱无力的表现;回避他人或以特殊的方式使自己不孤单;还会出现过去没有的非典型行为。

2. 攻击

(1) 攻击的含义

在当前,学者对攻击尚未形成统一的定义,不同的学者从不同的角度进行界定。解剖学家认为,攻击是指导致对方逃跑或给对方造成伤害的行为或行为模式,此定义过分夸大了动物性,界定过分宽泛,缺少对引发攻击的条件尤其是伤害意图、动机等的关注。BANDULA 的社会判断定义认为,攻击时涉及行为结果、形式、强度、意图以及行为者和行为对象之间的关系等多因素的复杂结构,因此攻击是人们根据行为和行为的特性对某些伤害行为做出的一种判断。[①] 而这里所讨论的攻击,主要指对他人所实施的恶性行为,如暴力攻击、故意杀人等。

(2) 大学生攻击的原因

导致大学生出现攻击行为的原因,具体来说有以下几个。

第一,具有攻击性的大学生大多数出生于问题家庭,表现出自尊心强的特点。但由于平时缺乏家庭温暖,与家长的沟通不顺畅,无法顺利地表达自己的感情和想法,遇到困难或是无法解决的问题,只能简单地通过攻击行为解决。此外,父母关系不和谐的大学生身体攻击的可能性要更大一些,因为不和谐的父母关系会因为父母间的敌意、言语攻击甚至是身体攻击,给孩子的心理造成诸多负面影响;学历较低的父母对孩子可能更多地会采用简单粗暴甚至是体罚的管教方式,最终影响孩子的攻击性水平;父母对孩子的过多干涉和控制,也容易使孩子产生逆反和敌意心理,导致攻击行为的产生。

第二,贫穷是导致大学生出现攻击行为的一个重要原因。根据罗贵明的研究,贫困生尤其贫困男生更易出现攻击行为,自尊和人格是贫困生产生攻击行为的重要影响因素,高自尊的贫困生更可能出现攻击行为。研究结果表明,贫穷容易导致攻击行为,

---

① 陈斌,等.积极心理视角下的大学生终端心理危机预防[M].南昌:江西人民出版社,2013:26.

第十章 大学生常见心理危机与积极心理干预

因为贫富差距会导致心理上的巨大落差,而生活贫困的大学生会显得更加敏感、更加内向,不善与人交流,生活中的一点小事都可能成为攻击行为的导火线。

第三,攻击性与人格有重要关系,敏感多疑、好激动、多愁善感、偏执、容易沮丧的人,更容易被生活中的琐事所激怒,从而导致攻击行为。

第四,媒体暴力也会对攻击行为产生影响,而且接触暴力媒介与后续的攻击行为有着必然的联系。网络暴力游戏作为一种新的媒介,具有暴力内容的逼真性和极端性、攻击行为强化的直接性和即时性、对游戏角色的认同性等特点,很有可能对个体攻击行为的影响更大。有研究发现,玩暴力游戏的被试者尤其是男性做出更多的攻击行为;当被试者认同游戏中的攻击性角色时,会产生更多的攻击行为。研究还发现,主动参与暴力游戏的被试者比被动观看的被试者做出更多攻击行为。

(3)大学生攻击的预兆

与自杀相似,大学生攻击行为发生前多发生应激事件,在应激事件的刺激下,当事人往往会失去理智,采用暴力手段处理问题。常见的应激源有家庭的不和、学习的压力、人际关系紧张、经济困难、恋爱受挫、遭受重大的生理疾病等。

(二)大学生极端心理危机的预防策略

大学生极端心理危机的解决需要社会、家庭、学校和个人的共同参与和努力,只有各方面的共同努力和参与,才能为促进学生的健康成长、家庭的幸福美满、学校的稳定发展、社会的安定和谐做出贡献。

1.从社会角度进行大学生极端心理危机预防

每个生活在社会中的个体,都不可避免地受到社会环境的影响,如果这个环境稳定、言论自由、法律公平公正、经济繁荣发展、文化欣欣向荣,生活在这个环境中的个体会体验到安全感、幸福感,对社会生活充满积极正面的态度;反之,则令个体对现实生活失去信心甚至产生报复社会的心理。因此,净化社会环境,营造一个有利于学生健康成长的环境,对防范大学生心理危机可以起到事半功倍的作用。具体来说,可从以下几方面入手。

第一,要积极为大学生营造公平的就业环境。自改革开放之后,我国迎来了一个更加自由开放的时代,个体对于职业的选择也更具多样性,但是受到社会偏见、家庭背景等多种因素的影响,仍有许多不公存在。导致许多大学生产生了"学得好,不如出生好"的错误认知。正是诸如此类不正确的认知导致大学生产生很多负面消极的情绪,最终导致极端心理危机事件的发生,所以社会需要给大学生一个公平公正的就业环境。

第二,要积极鼓励建设一支由专业人员组成的危机干预服务机构,出台相应的扶持政策,使得危机干预服务成为一项普及的社会服务,从而及时而有效地遏制一些极端心理危机事件的发生。

第三,要坚持教育育人的目的,推进素质教育的落实与传统教育改革,以改革大学生学习的整体环境。

第四,要做好教育经费监控和管理工作,坚决打击教育乱收费现象,同时鼓励社会各界积极参与贫困大学生帮扶活动,全力救助贫困大学生。此外,学校或社会应为贫困生提供更多勤工助学的岗位,在帮助贫困生解决经济问题的同时帮助他们树立生活的信心。

第五,要积极向公众进行心理危机相关知识的宣传,并加强对公众的心理健康教育,以切实提高公众对心理危机的认知,并掌握相应的心理危机解决办法。

第六,要营造良好的社会风气。大学环境是一个相对自由的环境,因此社会上的各类信息很容易地就被大学生所获得,各种信息鱼龙混杂,大学生常常容易被表象迷惑,因而受到不同程度的影响。对此,各类的媒体信息在做社会报道的同时,一定要本着真实、客观的原则,不能为了制造噱头而夸大其词,甚至做出错误的舆论导向,以影响大学生的价值判断。

2. 从家庭角度进行大学生极端心理危机预防

大学生在进入校园后,虽然离开了父母,开始独立生活。但是,大学生的学习与生活,仍会受到家庭的影响。因此,塑造良好的家庭氛围,完善家庭教育功能是预防大学生心理危机产生的一个重要举措。具体来说,父母需要做好以下几方面的工作。

第一,父母要不断学习新的知识,掌握科学的家庭教育理论,以更好地对孩子进行教育。

第二,父母在孩子出现了极端心理危机或是有出现极端心理危机的倾向时,不能一味地责怪孩子,也不能对孩子的行为听之任之,而是要对他们晓之以理、动之以情,引导孩子认清善恶美丑,让他们感到亲情的温暖,帮助和鼓励他们走出困境。同时协助各方追本溯源、查疏堵漏,避免和化解各种危机。

第三,父母在孩子出现了极端心理危机时,要积极与学校配合,加强对孩子的心理教育与辅导,引导其养成健康的心理,消除或最大限度减少极端事件给孩子造成的心理阴影。

第四,家庭成员之间的关系要和睦相处,为大学生提供一个和谐、欢乐的家庭氛围,在这种气氛的带动下,大学生的情感体验也是快乐而积极的。他们能感受到生命的美好,渴望自己的生命价值得到发挥,他们以友善的眼光看待周围的一切,他们对自己、对他人、对自然界都是充满友爱的。这是一种潜移默化的大学生生命教育。

第五,家庭成员之间要经常进行互动交流。大学生与家庭成员进行交流,能够及时消除心中的不快与烦闷,仍然能够用积极乐观的心态去对待生活与生命,并认为自己的生命是充满意义与价值的。

3. 从学校角度进行大学生极端心理危机预防

大学生的时间几乎都是在学校度过的,因此学校对大学生的心理健康发展负有重要的责任。具体来说,学校为预防大学生出现极端心理危机,可以采取以下几个有效的措施。

（1）积极营造有利于大学生身心健康发展的教育文化环境

大学生的学习与生活,都是在大学校园中展开的,而且大学校园的氛围对于激发大学生的学习热情、陶冶大学生的情操、净化大学生的心灵、引导大学生身心的健康发展等富有重要的责任。因此,进行大学生极端心理危机的预防完全可以通过营造优良的校园文化环境,充分发挥校园文化积极向上的功能,把不良思想扼杀于萌芽状态,预防大学生心理危机的产生。具体而言,高校可从以下两方面着手进行校园文化环境的建设。

第一,开展丰富多彩的校园文化生活,加强校园文化建设。通过良好的校园文化来缓解大学生的心理压力,促进人际交往的发展,锻炼社会实践能力,培养其积极向上的生活态度,使大学生形成良好的个性。

第二,对大学生中的特殊群体提供实质上的帮助或心理上的支持,如为贫困大学生办理助学贷款、提供勤工俭学岗位等,使贫困生减轻因经济拮据带来的心理压力；对即将毕业的学生加强就业指导,保证就业信息渠道的畅通,以减少就业压力。

（2）加强教师的言传身教

如今的大学校园,对于教师的选拔及评价制度是一种表格化的制度,"教师＝学历＋职称",对于教师来说最为关键的道德品质被忽略了,高学历的教师们忙于评职称,忙于出成果,职称的提高、成果的丰富能使其名利双收。这一切使教师脱离了学生,违背了教师最应尽的"教书育人"的职责。而同时,不合理的评价机制易使教师形成功利主义、实用主义的作风,不利于其追求更高的学术成就,也不利于培养大学生正确的世界观、人生观和价值观。因此,高校应当改革教师选用、评价机制,强化师德建设,倡导教师以高尚的人格、规范的言行熏陶、陶冶学生,真正承担起向学生传授科学知识的同时,教会学生如何"做人"的重任,以言传身教为学生道德品质的养成树立正面的榜样。

第十章　大学生常见心理危机与积极心理干预

（3）加强对大学生的生命教育

生命教育指的是通过认识生命的起源、发展以及终结，从而使学生认识到生命的可贵，珍惜自己的生命，通过建立这种认识，帮助他们树立健康、积极的人生观，使得他们在正确的社会指引下健康的发展。它是一种人文教育，也是一种精神教育，更是一种唤醒人类心灵的教育。

对大学生进行生命教育，主要目的就是让大学生学会珍惜生命、懂得生命的意义和价值。明白了这一道理，大学生才会努力创造生命的价值，自觉地提升生命的意义。具体来说，对大学生生命教育需要包括生命意识教育，即帮助大学生形成正确的、科学的、完整的生命认识，形成对生命的珍惜、热爱、敬畏、尊重与欣赏，并主动地维护生命权利；和谐意识教育，即帮助大学生形成和谐意识，学会与他人和谐，与自然界和谐；忧患意识教育，即提高大学生面对挫折的勇气，进而战胜困难，摆脱心理危机。

（4）积极建立健全危机干预组织机构

高校建立健全危机干预组织机构，对于预防大学生极端心理危机也有重要作用。首先，要组建大学生心理危机干预领导小组。大学生心理危机干预领导小组可以由分管院领导担任组长，学生处、保卫处、校医院、宣传部、后勤集团、院系等单位的负责人担任组员。领导小组全面规划并指导全院的心理危机干预工作，健全这一组织机构，有助于督促有关单位认真履行危机干预工作的职责，为重大危机事件的处理作出有效的决策。其次，要成立大学生心理危机干预中心。它能及时有效地为处于危机之中的大学生提供帮助，当他们在犹豫不决、万分痛苦时找到干预中心时，工作人员就可以立即介入，采取紧急对策，避免他们心理危机进一步恶化，并在此基础上帮助其化解心理危机。

4. 从个人角度进行大学生极端心理危机预防

根据内外因的辩证关系我们可以得知，外因是条件，是通过内因起作用的。大学生极端心理危机的预防关键在于个体的内部因素,外力的"推"或"拉"终究不是决定性因素,因此大学生应从自我入手,通过加强学习,改变错误认知;正视现实,提高解决问题的能力;多与人交流,有效利用社会支持;坚持健康的生活方式,学会善待自己等方式不断发展自己,提高自己的身心健康水平和各种应对和预防心理危机的方法,以便有效降低心理危机的程度和发生的可能性。

参考文献

[1] 陈春花,等.组织行为学[M].北京：机械工业出版社,2016.

[2] 宋宝萍.大学生心理健康教育[M].西安：西安电子科技大学出版社,2007.

[3] 李中国,李树军.大学生心理健康教育与心理调适[M].北京：北京师范大学出版社,2016.

[4] 杨素华,孙新红.大学生积极心理培养[M].济南：山东人民出版社,2014.

[5] 宋焕斌.大学生心理健康与训练[M].北京：中国石化出版社,2012.

[6] 韩延明.大学生心理健康教育[M].上海：华东师范大学出版社,2007.

[7] 谭谦章,等.新编大学生心理健康教程(第2版)[M].北京：化学工业出版社,2011.

[8] 周家华,王金凤.大学生心理健康教育[M].北京：清华大学出版社,2010.

[9] 张仲兵,等.大学生心理健康教育与素质训练[M].北京：高等教育出版社,2014.

[10] 杨莉萍.高职生积极心理健康教育理论与实践[M].北京：科学出版社,2016.

[11] 孟万金.积极心理健康教育[M].北京：中国轻工业出版社,2008.

[12] 刘晓明,阳平.大学生心理健康教育——体验·认知·训练[M].北京:科学出版社,2009.

[13] 陈斌,等.积极心理视角下的大学生终端心理危机预防[M].南昌:江西人民出版社,2013.

[14] 唐柏林.大学生心理健康教育[M].成都:四川教育出版社,2006.

[15] 谭谦章,袁一平.新编大学生心理健康教程[M].北京:化学工业出版社,2011.

[16] 朱坚,王水珍.健康之路从心起步:大学生心理调适与发展[M].北京:科学出版社,2010.

[17] 李汉华.大学生心理健康教育[M].北京:北京理工大学出版社,2011.

[18] 李云驰.大学生心理健康管理[M].北京:中国社会出版社,2013.

[19] 朱合理.大学生个体自我管理研究[M].武汉:武汉大学出版社,2013.

[20] 郭亚嫘.成长,总会有一点痛:当代大学生心理问题探究[M].北京:北京时代华文书局,2014.

[21] 韩晓黎.大学生就业心理调适与就业指导[M].成都:西南交通大学出版社,2014.

[22] 陈月苹,等.大学生心理健康教育与发展[M].北京:北京师范大学出版社,2017.

[23] 唐慧敏.大学生心理健康教育[M].北京:高等教育出版社,2017.

[24] 叶政.大学生职业规划与就业指导教程(第2版)[M].北京:科学出版社,2017.

[25] 张玉芝,周兰芳.大学生心理健康[M].北京:北京理工大学出版社,2017.

[26] 曲长海.大学生心理健康教育理论与实践[M].北京:化学工业出版社,2016.

[27] 武光路,李剑锋．大学生心理危机的预防与干预[M]．北京：国防工业出版社,2016.

[28] 耿步健．大学生心理学[M]．南京：东南大学出版社,2005.

[29] 沈德立．基于脑科学的教与学效能研究[M]．北京：教育科学出版社,2013.

[30] 林奇清．大学生职业生涯规划与管理[M]．北京：科学出版社,2017.

[31] 姚本先．大学生心理健康教育（第2版）[M]．合肥：安徽大学出版社,2015.

[32] 简鸿飞．大学生心理健康[M]．北京：北京理工大学出版社,2010.

[33] 段鑫星,赵玲．大学生心理健康教育（第2版）[M]．北京：科学出版社,2008.

[34] 徐利新,王继元．大学生心理健康教育与指导[M]．苏州：苏州大学出版社,2015.

[35] 谭芳．大学生心理健康教程[M]．北京：化学工业出版社,2014.

[36] 李婷婷,杨素祯．网络平台折射出的大学生负面情绪调查及研究[J]．山西大同大学学报,2017（6）．

[37] 熊英．大学生心理健康教育与训练[M]．北京：高等教育出版社,2012.

[38] 李婷婷．网络环境下大学生人际交往的影响及对策研究[J]．当代教研论丛,2019（4）．

[39] 李婷婷．"80后"青年辅导员面对"90后"学生的角色定位[D]．学理论,2010,23：253-254.

[40] 李婷婷,李燃．高校辅导员360度评价指标体系构建研究[D]．边疆经济与文化,2011,4：130-131.

[41] 李然,肖海雁,李婷婷．大学生自我和谐与烦恼的关系研究[D]．山西大同大学学报,2011,27（2）：83-86.

[42] 李婷婷. 从价值取向视角研究大学生团队精神培养 [D]. 长春理工大学学报(社会科学版),2012,25(3):163-164.

[43] 李婷婷,杨素祯. 网络平台折射出的大学生负面情绪调查及研究 [D]. 山西大同大学学报,2017,6:110-112.

[44] 谢丽君,李婷婷. 以就业为导向的生物工程专业人才需求分析 [D]. 生物化工,2017,5:77-80.

[45] 张丽红,李婷婷,赵一锦. 美容就医者的心理分析和干预治疗 [D]. 中华医学美学美容杂志,2018,24:63-64.

[46] 李婷婷. 网络环境下大学生负面情绪的影响因素及作用机理研究 [D]. 中国民族博览,2018,9:61-62.

[47] 李婷婷. 网络环境下大学生人际交往的影响及对策研究 [D]. 当代教研论丛,2019,4.

[48] Wright M. O. Masten A. S. *ReSilience processes in development.In :Handbook of Resilience in Children*[M].NY:Spnnger US,2005.